那些
阻挡爱的
障碍

ALL KINDS OF LOVE

沈万九 —— 著

APTIME
时代出版
时代出版传媒股份有限公司
安徽文艺出版社

图书在版编目（ＣＩＰ）数据

那些阻挡爱的障碍/沈万九著. 一合肥：安徽文艺出版社, 2021. 2
ISBN 978-7-5396-7159-8

Ⅰ. ①那… Ⅱ. ①沈… Ⅲ. ①恋爱－通俗读物②婚姻
－通俗读物 Ⅳ. ①C913.1-49

中国版本图书馆 CIP 数据核字(2021)第 023216 号

NAXIE ZUDANG AI DE ZHANG'AI
那些阻挡爱的障碍

出 版 人：段晓静
责任编辑：张 磊 秦知逸　　　　　　　封面装帧：尚燕平

....

出版发行：时代出版传媒股份有限公司　www.press-mart.com
　　　　　安徽文艺出版社　www.awpub.com
地　　　址：合肥市翡翠路 1118 号　邮政编码：230071
营 销 部：(0551)63533889
印　　制：杭州日报报业集团盛元印务有限公司　(0571)86909347

....

开本：880×1230　1/32　印张：8.25　字数：200 千字
版次：2021 年 2 月第 1 版　2021 年 2 月第 1 次印刷
定价：45.00 元

....

ALL KINDS OF LOVE

我们终其一生，不是为了寻找爱，
而是为了发现那些阻挡爱的障碍。

° ° °

stop the love

序言 /01

CHAPTER 1

不敢 爱

catalogue

我们要接受失望或绝望，因为它是有限的。

但千万不可失去希望，因为它是无限的。

CHAPTER 2
不会　爱

catalogue

梦到一个卖花的两手空空跟我说，

人要先感到幸福，

才能看到玫瑰。

CHAPTER 3
不配 爱

我们的一生，

不是说服别人爱自己的一生，

而是说服自己爱自己。

CHAPTER 4
重建　自爱力

我们是苦痛，也是苦痛的救星。
我们是甜蜜、清凉的水，
也是泼水的罐子。

过度怀疑、异地恋、婚内无性、变心

序 言

。。。

PREFACE

stop the love

日本著名作家东野圭吾曾通过《白夜行》给了我们这样一个隐喻：

"世上有两样东西不能直视：一是太阳，二是人心。"

盖因阳光刺眼，烈日灼目，而人心叵测，人性复杂，一叶足以障目，半生难破轮回。正如弗洛伊德所说，每个人的意识都不过是冰山一角，潜意识才是藏在水面下的浩瀚冰川。

这些年来，我笔不择墨，梦不择路，从初心到此心，从杂文到小说，从自己三部曲到余生三重奏……写了这么多的春花秋月、诗酒江湖和八卦鸡血，可都是以文学为主。然而，文学虽然可以养心，但是心理学却能够直面人性。

也正因如此，我第一次尝试以心理学为主题创作作品，我想去直视那些温暖亦冰彻入骨，明媚却暗藏阴影，有神性更有兽性的人心——哪怕一百多年前的尼采一再告诫我们："当你在凝视深渊的时候，深渊也正凝视着你。"

一不小心，我从事心理咨询已经有足够长的时间了，一路走来，摸石过河，点灯照路，见识了各种的怪力乱神和爱恨情仇：

一个三十多岁的女人，好几次梦到儿子的身体支离破碎。梦境解开后，她带孩子去医院检查，发现儿子脑子里长了东西。医生说，幸好发现得早，再迟个十天半月，哪怕华佗再世，也是回天乏术。

一个貌美如花的女大学生，特别爱玩漂流瓶，可一连三次恋爱都无疾而终，而且还无一例外地遇到了已婚男人。究其根源，原来是病态的恋父情结作祟。

······

每当看到觉知的光，点亮一个又一个受伤的心灵时，我便发自内心地感到欣慰，同时也更加坚定眼下所走的路——哪怕这条路，依旧布满了荆棘、泥沼和无能为力：

某个明明生理没有任何问题的女性，可就是十年未孕，究其原因，原来是认同了养父母，而养父母当初就是因为生不了孩子而收养的她。

某个小时候遭受过性侵的来访者，每次看到中年男人就会恐惧缠身，一直到三十三岁，都不敢谈恋爱，甚至不敢单独跟男人吃饭，或是直视男人的眼睛。

……

不得不承认，意识和潜意识，就像是骑象人和大象的关系。我们作为一个骑象人，只能引象、抚象、抱象、爱象，而不能天真地想要控制象，更不能奢望去替代甚至杀掉象。

这也意味着，任何人要治愈心灵创伤，都是一条漫长的上坡路，也是M. 斯科特·派克口中的《少有人走的路》。要想让光进来，需要时间，也需要水滴石穿的耐心，更需要一次又一次丝丝入扣的实践：

从"幼童""巨婴"和"圣母"的病态模式，走向心智成熟的觉醒之路；从不懂爱、不会爱和不敢爱的缺爱迷途，走向"爱自己"和"享受爱"的终身浪漫之旅；从孤独、焦虑和恐惧的无尽轮回，走向幸福而又自由的魅力人生……

佛家有云，人生有八苦。八苦之间，涵盖了爱情、家庭、工作、成长……苦涩之余，每个人都带着一个或大或小的伤口上路。唯有正视伤口，"改变"过去，才能真正地打破轮回，走出阴影，让生命的光再次照进内心，继而拥有一个自信、自由和自主的人生。

最后，本书的面世，要特别感谢风炫文化，感谢一百多年前的弗洛伊德，更要感谢那些敢于正视伤口、让光进来的来访者。

注意看那些

在窗户光线里

移动的尘屑。

它们的舞蹈

就是我们的舞蹈。

我们鲜少用心倾听

我们内在的音乐，

但我们莫不随着它

起舞。

——鲁米

那些阻挡 爱 的障碍

。。。

stop the love

CHAPTER 1
不敢 爱

我们要接受失望或绝望，
因为它是有限的。
但千万不可失去希望，
因为它是无限的。

情绪躯体化:
_{○ ○ ○}
如何避免情绪通过生病来表达?

1

前阵子,我跟一个远房表妹聊天。

她说,这阵子入冬了,天寒地冻的,感觉特别冷。

晚上她一个人待在出租屋里,穿好几件棉衣,戴羊绒帽子,窝在厚被子里,还烤着电暖器,可还是觉得冷,手脚冰凉如霜。

那怎么样才会觉得不冷呢? 她说,只有整个人连身子带脑袋都藏进被窝里才觉得暖和一些。

这顿时让我想起曾看过的一则新闻，说是湖南的一位六十二岁的老人，冬天要穿三十八件上衣和十一条裤子御寒，但还是冷得要生两个炉子烤火。

乍一听，是不是觉得特别邪乎呢？感觉这个老人家好像身体不会存温一样。

其实，他之所以会这样，是因为相爱多年的老伴去世了，如今的他孤苦伶仃，而且也得不到其他人的关爱，心彻底地凉了。同样地，表妹的冷也是一种心冷。盖因刚离婚不久，她带着一个两岁大的孩子，离开待了十几年的广州，回到了重庆老家。

对于接下来的生活，她没有什么信心，甚至有些害怕，所以会觉得心冷，好像只有躲在厚厚的被子里，把整个世界的敌意都挡在外面后，才会暖和些。而这样一幅因害怕而躲在被窝里的场景，乍一看，是不是像重新躲回了妈妈的子宫里——那个漆黑而温暖、舒适而无比安全的地方？

2

其实，不管是表妹还是那个老人的冷，都是一种典型的"情绪躯体化"现象。简单来说，就是一个人内在的情绪，通过身体这面镜子呈现出来，心冷于是身冷。

心理学家武志红曾说："当一件事情在意识层面不能沟通时，就会用身体沟通。"关于这一点，多年咨询工作下来，我也有很深的体会：小到孩子的夜间咳嗽，大到某些女生的混乱经期，甚至是致命的癌症，都可能是身体迫切想要表达的现象。

举个例子，有这么一个女白领，结婚快十年了，老公却常年在外不归家，外面还有一个九岁的私生子，而他们自己的孩子才八岁——这里面的数学题大家可以算算。

有一回，当我们沟通到一个重要的问题时，她突然就咳了起来，而且根本停不下来。我下意识地觉得，这个咳嗽有些不太正常。于是，我问她怎么回事。她说，她患有咽喉炎五年了，每年都会去好几回医院，但总是好不利索，换季时尤其严重。

我又问，那第一次是什么时候发生的？

她说第一次是在五年前。她记得很清楚，那是她第一次跟老公提离婚，老公并没有同意，她非常难过，再加上适逢出差，路途奔波，等回到家时，发现几乎说不出话来了。

正是从那时候起，她患上了这种莫名其妙又始终好不了的咽喉炎。这背后的心理逻辑很可能是这样的：

多年积压的屈辱和痛苦，让她清楚地意识到，老公无可救药，离婚才是正确的选择，但因为潜意识害怕分离，所以身体就给了她信号，喉咙发炎，咳嗽失声，不能表达了，那自然就不太好提离婚了。

3

被誉为"NLP第一人"的罗伯特·迪尔茨，曾帮助母亲从癌症中走向健康，实现了康复的奇迹。其实，这里面所蕴含的心理逻辑是这样的：一直以来，妈妈都没有为自己而活，而是迎合讨好，活给别人看的——这份病态的信念过于严重，以致身体都想罢工，并且还是以彻底毁灭自己的方式。

记得哲学家萨特有一句名言"他人即地狱"，说的也是类似的道理。"他人"之所以会成为我们的地狱，是因为我们忽视了自己，只想为他人而活，或者说因为害怕冲突，不敢说"不"，而拼命地满足别人的期待，结果让我们的生活慢慢地走向万劫不复。

全球畅销书《无声告白》里，讲到一个美国姑娘，年纪轻轻，风华正茂，有着大好的前程，却死在了一个离家不远的湖泊中。噩耗传来，他们一家人都非常痛苦，特别是姑娘的妈妈，想要尽快地破案，找出真凶。

可没想到，最后的调查结果却是，女儿竟然是自杀的！

而她之所以自杀，是因为她一直都没办法做自己，一直承受着巨大的焦虑，也一直想摆脱别人尤其是父母的期待。其中所折射出来的真相，引起了无数人的共鸣，而这也正是此书能够火爆全球的原因。

4

有一期《心理访谈》，讲到一个八岁的小女孩患有白血病，但女孩患病的原因非常特别，除了常规的病理因素外，最大的诱因居然是父母。

父母离婚后，女孩跟了爸爸，可爸爸又常年不在家，去了广州打工。这个可怜的小女孩就成了留守儿童，跟爷爷奶奶相依为命。后来，妈妈重组了家庭，去看她的时间越来越少，电话也只是偶尔打打而已。与此同时，爸爸也跟后妈生了孩子……正是从那时起，女孩患病了。

不幸中的万幸，女孩的病情被当地的媒体报道了，因此得到了一些好心人的捐助，治疗的费用得到了解决。

然而，主治医生却说，每一次出院前，女孩身体的相关指标都已经稳定下来了，康复趋势明显，可回去后没多久，病情又开始反复，加重，而且每次提到她妈妈的时候，孩子就会突然头疼起来。

无奈之下，医院联系到了《心理访谈》，希望可以得到心理专家的协助。事实也表明，这是严重的情绪躯体化效应。孩子一直在用生病来表达自己的感受，抒发内心的痛苦和恐惧。记得在节目中，有一幕让人看到以后非常心酸。

因为聊到了伤心事，女孩忍不住泪流满面，可父亲非但没有上前给一个拥抱，或是给孩子递张纸巾，也没有说"有老爸在，天塌下来也没关系"，而是一直在说："孩子，你已经长大了，要坚强，要懂事。"

5

如上所述，疾病本身就是一种表达。如果一个人的情绪因为种种原因无法有效地表达，或者表达了之后反而会遭到攻击，身体就会通过疾病来表达，继而导致或轻微或严重的心身疾病。

据不完全统计，国际公认的心身疾病包括以下种种：

肥胖症

支气管哮喘

皮炎和湿疹

风疹

胃溃疡

十二指肠溃疡

消化性溃疡

胃炎和十二指肠炎

应激性结肠炎

溃疡性结肠炎

肠易激综合征

原发性张力亢进

张力减退

昏厥和虚脱

痉挛性斜颈

多发性硬化

偏头痛

其他类型的头痛

耳鸣

经前综合征

原发性和继发性痛经

高血压

牛皮癣

看到这么多的疾病，有些朋友可能会疑惑，这些难道都是由心理问题导致的？不太可能吧？对此，我们来举个简单的例子：偏头痛。

一般来说，精神分析会有两种解释：

由于一个人对父母有强烈的攻击性却无法释放，转而攻击自己的头部，因为头是小时候父母的象征。

一个人如果对使用智力有内疚感，或者他不愿意想明白一些事情的缘由，那他就可能用头疼来避免思考，防御思考之后带来的痛苦。

由此可见，心理是很容易作用于我们的身体的，并让我们的身体出现反应——这也意味着，上述所列举的种种疾病（也包括其他类型的），哪怕心理上不构成主要诱因，也会直接影响病情的发展进程。

6

众所周知，"疾病"的英文写法是"disease"。其实这个单词还有另一层意思——"不自在"。也就是说，当一个人没有按照自己的意愿而活，长年压抑、委屈，乃至失去自我等等，本身就可以称之为"有病"。

而从我们的汉字来看，"病"的本字是"疒"。在《说文解字》里，"疒"是倚靠的意思。换言之，如果一个人总是靠着、挨着甚至躺着，一定是精神或躯体没有独立，没有办法为自己而活。

相反的是，一个人如果在大部分时间里，都能遵循自己的感觉，聆听内在的声音，就会惊讶地发现："所谓的我，其实是一个通向更大存在的通道。"与中医里的"通则不痛，痛则不通"，说的是同样的道理。一个人的内在如果能够很好地流动起来，自然是不痛不痒不容易生病了。

7

其实，这么多年跟随催眠大师斯蒂芬·吉利根学习下来，我最有感悟的一点，就是对身体的运用，其中所蕴含的智慧，对我的人生产生了巨大的影响。斯蒂芬·吉利根曾说:"每个人都有三种智慧,认知的智慧、身体的智慧和场域的智慧。"

绝大多数的人都只知道认知的智慧,所以会让自己拼命学习,变得足够聪明,头脑足够发达,然后去解决工作和感情中遇到的问题,却往往忽略了另外两种智慧,不得其法,事倍功半。

如果说,认知的智慧是一种"知道"的话,那么身体的智慧,才能让我们真正地"体会"。至于场域的智慧,则是更高一层的境界,能够让我们彻底融入场景中,或是某个潜在的磁场氛围里,甚至是祖先的历史中,暂时地放下自我,向更大更深的维度打开。

斯蒂芬·吉利根还说:"当一个人能同时连接三种智慧,那么一个好的催眠就容易产生。"好的催眠能连接到我们潜意识的深处,让人觉得安全、有趣、自在,从而推动一切事情自然地流动。

8

前两天,表妹再次来找我唠嗑,然后很开心地跟我说,她最近不觉得冷了。

我问她为什么。她说周末出去聚会了,同事都挺喜欢她的,她已经慢慢地适应了新公司和新朋友。另外,这次聚会期间,他们还去了当地一家据说是非常灵的寺庙许愿，有关姻缘的愿，顿时心安了很多。

我跟她视频聊天时，发现她端坐在书桌边，面带桃花，唇红齿白，而不是像以前那样，从帽子到被子全副武装，整个人蜷缩在床上。

由此可见，如今的她已经开始感受到了力量和温暖。生命中更大的可能，也开始向她渐渐打开。

记得印度有一位哲学家曾说："没有经过身体检验的真理都是谎言。"也就是说，如果一个真理只是停留在思维层面，其实很多时候都是一种伪装而已。要知道，大脑常常自欺，而身体才是诚实的。

总而言之，每个人的身体都呈现着生命的真相，倘若视而不见，听而不闻，忽视身体的讯息，不但会让我们损失一笔巨大的财富，还可能让我们走向歧途，迷失自己，甚至在不经意间进入病房，身心煎熬，终身逃不开痛苦的侵袭。

无回应之地：

为什么她会从渴望，到失望再到绝望？

1

记得多年前，我还在念大学时，有一回跟朋友出去露营，对着静谧的星空和呼呼的夜风，听一个同学分享了一个神奇的故事。

她说她小时候，有一年数九寒冬，大雪纷飞，她在家里昏睡了两天两夜，家人怎么都叫不醒她，差点就睡死过去。

直到长大后才知道，她当时之所以昏睡如死猪，并不是像蛇一样需要冬眠，而是因为家里一共有五个兄弟姐妹，一直以来，父母为了生计，无暇顾及他们，而且她在家中排行老三，不上不下，父母对她尤其忽视，只管她吃饱喝足就行。也就是说，从小到大，她的任何感受都得不到共情性回应，所以她非常绝望，潜意识随即产生了一个奇怪的声音：

"既然没有人在乎我，那我就永远不醒来好了，以免给家里增添负担。"

2

同样地，前不久有一个来访者，一进咨询室就拼命抱怨，说老公嗜睡如命，每天上完班，回到家什么活都不干，有时候甚至澡也不洗衣服也不换，吃两口饭便倒头就睡，而且睡得与其说是酣畅淋漓，不如说是烂醉如泥，怎么推也推不醒。

我问她，你老公是做什么的？有这么累吗？

她说在银行做客户经理，也没有"996"什么的，普通活。我又问，那你老公是从什么时候开始这样的？她说自从老公出轨回归之后。

深入了解后，我随即发现，事情的真相是这样的。

这个女士一直以来就缺乏安全感，也有些过度焦虑。老公出轨回归后，她更是变本加厉，喜欢一天到晚翻旧账，含沙射影地提旧事。有时候揪着一件事、一份半年前的电话清单，甚至是一张印迹早已模糊的菜单，能反复地说上几个小时，歇斯底里，老公承认也不是，不承认也不是。

就这样，折腾了好几个月，她老公突然就喜欢上了睡觉。原因很简单，他的表达非但没用，而且还一而再，再而三地换来伤害和痛苦。噩梦过重，无法摆脱，只好通过睡觉来保护自己。

3

由此可见，一个人之所以会选择自我关闭，主动切断连接，很大可能是因为经历过一段从渴望，到失望，再到彻底绝望的心路历程。

还记得2015年的贵州毕节四兄妹，正是因为父母常年在外，作为留守儿童的他们，声音一直得不到响应，极度地缺爱，受尽了生活的凌辱，以致在绝望中选择了自杀。其中最大的那个孩子在喝下毒药前，留下了这样的字句：

"我该走了，我曾经发誓不活过十五岁，死亡是我多年的梦想，今天清零了！"

说到这里，不由得让我想起很多年前的一个可怕实验。据说普鲁士国王腓特烈二世曾派人找来十几个新生婴儿，给他们提供充足的奶水和舒适的环境，但从来不给他们爱的回应，也不让任何人跟婴儿进行肢体接触——当然，妈妈也包括在内。有传言称，这些婴儿后来都陆续死去。

4

也就是说，当一个孩子没有得到爱的回应，就可能会心生绝望，变得孤僻，甚至想结束生命。那大人呢?

我曾经接触过一个女学员，她结婚几十年，但一直如同行尸走肉般活着。后来，她遇到了一个很有魅力的男人，对她关怀备至，用她的话来说就是，"生命中第一次感觉到了爱和光"。

一开始，我觉得这是一个再老套不过的故事，老公不解风情，老婆婚外有情，继而红杏出墙，寻找寄托。但聊到后面，我才发现事情并没有那么简单。

她老公还真是一个不折不扣的木头人，他从来不曾对她表达过爱意——不管是口头还是行为上。最让人无语的是，不管她怎么哭诉，怎么闹腾，她老公都像棉花一样，没任何回应。

正因如此，虽然他们的物质水平非常高，但这些年下来，她却患上了一定程度的躁郁症。然而，身边的亲友却始终不理解她，觉得她是身在福中不知福，好好的富太太不做，还找这么多事，真是自讨苦吃。

西班牙有一句谚语：死亡即是无回应之地。"需知道，每个人的感受和爱都需要得到回应，如果一个女人活在一份没有回应的婚姻中，毫无疑问，这绝对可以称得上是坟墓。

5

在电影《功夫》里，有一幕讲到斧头帮帮主请来两个绝世高手帮忙复仇，其中一个还是盲人。当他说到"一曲肝肠断，天涯何处觅知音"的时候，我突然有一种泪流满面的感觉。

这样简简单单的一句话，仿佛在一刹那拨动了我的心弦，恰如其分地表达了我一直以来的心境。这么多年来，我并没有像大多数的朋友一样，走一条比较安全的路，而是追逐着自己的自由梦，从来没想过放弃，但始终得不到父母的支持——他们更倾向于让我去考公务员。

记得以前，我特别不理解"高山流水"的故事，觉得伯牙兄还真是矫情啊，钟子期一死，他就把好好的一把琴给摔了，还发誓终身不鼓琴，真是一个让人难以捉摸的家伙。

直到后来，我才明白知音之所以重要，正是因为"无回应之地"太过可怕，也随即理解了伯牙的做法。之所以说，人生得一知己足矣，那是因为，哪怕只有一个知己，也能够带来足够的光。"嘤其鸣矣，求其友声。相彼鸟矣，犹求友声。矧伊人矣，不求友生？"而人世间最孤独的事，莫过于"这个城市有那么多灯火，却没有一盏是为我而亮。这个世界有这么多好歌，却没有一首是为我而唱"。

6

其实，从心理学的角度来说，我们心心念念想要寻找的回应，都是一种客体，而每一个生命最初的客体，就是我们的妈妈。正如婴儿需要通过妈妈的爱来获得安全感和存在感一样，我们追寻的任何温暖和爱，都是为了更好地照见自己。

从这个维度上来看，一个人之所以会爱上另一个人，也不过是在寻找一面镜子而已——通过这面镜子，我们能够真正地看见自己，看见自己的美好，接受自己的不好，所谓的灵魂共鸣，不过如此。也正是因为这份需要，很多人哪怕在关系中受尽煎熬和屈辱，也害怕分离，只因害怕接下来可能会出现的"无回应之地"，也就是所谓的孤独终老。

7

《瓦尔登湖》是美国作家梭罗的代表作，讲述的是作者独居瓦尔登湖畔时的事，描绘了他两年多时间里的所见、所闻和所思。对此，有的朋友可能要说了：你不是说"无回应之地"是绝境吗？怎么他一个人待在森林里这么久，也能够活得好好的？

究其原因，一方面他虽然深居简出，但偶尔会有知心朋友去探望，爱的连接一直都有；另一方面，他的内心已经足够强大和丰富。正如一个得道的僧人所说，一只手也能够发出掌声，因为手心穿梭在清风中，游走在密雨里，可以跟天地之万物合成掌声。

也就是说，一个人想要待得住，耐得住寂寞，甚至达到梭罗和那个高僧的境界，就必须建立起足够强大的、丰富的精神世界，最好还有一定的人生体验——内心装有红尘，又何须去红尘寻求慰藉？

总而言之，一个人心灵成长的过程，就是一个人越来越能够"自我回应、自我取悦和自我照见"的蜕变过程。而一个人的心智越成熟，就越能够从内心获得能量，而不是太急着去寻求所谓的外在回应。

也正因如此，他才能够更从容地应对生活中的孤独、人生的苦痛，以及命运的无常，同时还有着足够的光去照亮他人，以饱满的爱去点亮世界。正如鲁米的诗所说：

我为什么要寻找他呢？

我不就是他吗？

他的本质透过我而显现。

我寻找的只是我自己！

抑郁情绪：

让负面情绪如水般流动

1

记得多年前刚入行做心理咨询，我遇到过这么一位顾客。

二十五岁，家庭主妇，人长得挺靓丽的，就是有些郁郁寡欢，像胖版的林黛玉，敏感，孤僻，爱哭，过于自恋，偶尔躁狂，每三天喊一次离婚，但永远没有行动。

我问她，你是从什么时候开始变成这样的？她说，自打生完孩子，到现在两年多了，老公的工作是越来越忙，一个月休两天，几乎没有任何节假日。她也越来越感觉不到老公的爱，打过、闹过、哭过、回娘家过，都没用，然后就慢慢变成了这样子。

而后，我们做了一个意象练习，回到了她的小时候。可接下来发生的事，却让我大为震惊。大多数的人，如果看到小时候的自己孤独、难过，甚至在默默地流泪的话，都会愿意上前安抚，可她却没有。

而且不管我怎么引导（当然也有可能是我的功力不够），她都不愿意去拥抱小时候的自己，甚至觉得这个女孩的性格太古怪、太讨人厌、太不懂事，不应该得到爱，也不值得任何人同情。

可以想象，她有多么不接纳自己，多么厌恶自己。要知道，任何人跟自己的关系，都会往外投射，直接决定了"别人跟自己"的关系，所以很容易理解，她的老公、亲友以及同事，对她都不友好。

后来，我们的咨询关系只持续了一个多月。

因为收效不大，我把她介绍给了另一个咨询师。临分手前，我还给她送了一本自己的书，并写了这么一句话："天使之所以能飞起来，是因为把自己看得很轻。"这是一句美国谚语，她后来一直用作朋友圈的个性签名。直到两年后，我才知道，当时的她已经接近抑郁的状态。

记忆中，这还是我第一次接触抑郁症患者。如今，抑郁的人越来越多，上自明星高官，下至普通百姓，抑郁的情绪也慢慢成了这个社会的常态。据世界卫生组织（WHO）报告显示：中国目前有超过五千四百万人患有抑郁症，占总人口的百分之四点二。

2

一般来说，如果一个人常常感到不开心，负能量爆棚，同时开始回避社交，对身边的事和人提不起兴趣，甚至生无可恋，那就说明有抑郁情绪了。我们可以通过以下三点去评估：

第一是没心情：心境低落，总是不兴奋。

第二是没意思：兴趣丧失，对人对事都不太有兴趣，好像做什么事都没有多大的意义，甚至怀疑人生。

第三是没精力：精力降低。做事易累，好像没干什么就没劲了。喜欢发呆，或者总是犯困，可真正去睡的话，又睡不好，结果越睡越累。

除此之外，还可能伴随着专注力降低、自信心降低、无价值感、睡眠障碍、悲观消极、食欲下降等症状，甚至有自杀的冲动——如果到了这种程度，就需要特别注意了，千万不能轻视，最好找专业的咨询师或医生看一看。

3

当然，说到抑郁情绪，很多人都可能会进入一个误区，认为抑郁情绪就是抑郁症。事实上，这两者还是有很大区别的。

首先是时间：正常人的抑郁情绪一般持续时间不长，通常通过自我调适，可慢慢缓解；而抑郁症的症状常持续存在，一般超过两周，不经治疗难以自愈，而且还可能每况愈下，并会呈现"晨重夜轻"的节律性特征。

其次是诱因：抑郁情绪一般是基于某个人某些事某段情，所谓"事出有因"；而抑郁症通常无缘无故，缺乏客观精神应激的条件，或者虽然有不良精神刺激因素，但是常常有外人难以理解的不开心，给人以"小题大做"的感觉。

最后是症状：抑郁情绪只是表现为短暂性的心境低落，虽然会对生活产生一定程度的消极影响，但可维持正常生活；而抑郁症的抑郁程度则要严重得多，影响工作、学习和生活，无法适应社会，更有甚者可产生严重的消极行为。

由此可见，有抑郁情绪不一定就是抑郁症，而抑郁症也不仅仅是表现出抑郁情绪。绝大多数的人，都是一般的抑郁情绪而已，不需要特别放大和恐慌，只要能够坦然应对，就可以慢慢恢复。

4

一般来说，对于轻微的抑郁情绪，我们可以通过以下的方法缓解：

吃喝：尽可能地满足口腹之欲，让自己找回舒适放松的感觉。另外，吃点好东西，肠道压力增加，可以产生一种叫作脑肠肽的物质，有助于缓解负面情绪。

换新：买新衣服、新鞋、新包、新手机壳，或者弄个自己喜欢的新发型，都可以让我们有新鲜感。

整理：找一个阳光灿烂的日子，打扫一下家，除尘去垢，洗衣服换被子，收拾一下杂乱的物品，清理一些过去的信件和物品。

倾诉：找朋友或闺密唠唠嗑，找亲友陪伴一下自己，或是写写日记，看看电影。

运动：去春天的郊外跑一圈，去健身房找个同伴一起做做运动……总之让自己动起来，出汗排毒，焕然一新。

旅游：出去散散心，看看祖国壮丽的山河，感受一下天地的苍茫和自己的渺小。实在没有假期，短途近郊游也可以，晚上最好住在外面，切换一下生活的空间，心境自然也会随之切换。

以上方法，都能很好地缓解轻微的抑郁情绪。当然，对于较严重的情况，那就需要借助一些更专业的方法了，如寻求心理医生的帮助，接受药物治疗等。

5

瑞士心理学家维雷娜·卡斯特在她的《体验悲哀》一书中写道：

"一个人之所以会有抑郁情绪，甚至患上抑郁症，往往不是因为过度悲伤，而恰恰是拒绝了悲伤。"

同样，心理学家武志红也认为，抑郁症的产生，常常是因为这样的情形：某件不幸的事情发生了，一个人过于悲痛，一时无法忍受，于是用"阳光战略"来对抗悲伤，伪装得像没事人一样。

很快，他就好像满血复活了，重新变得快乐起来。

然而，多年以后，另一件类似的悲剧发生了，看起来并不严重，却引起了他强烈的情绪反应，他为此深深地沉溺在了悲伤中——在意识上，他认为自己是因为当下的事情而悲伤，实际上却是为过去的那件事。

对此，意象对话技术之父朱建军也曾说过，绝大多数的心理问题都是因为"未完成"。唯有了结了，才是好。

也就是说，像抑郁这种沉溺性的悲伤，其实是一种"未完成"的悲伤。我们需要回到当时的那个事件，把还在滴血的伤口，重新缝合，才能真正地被治愈。

6

著名的抑郁症干预专家彭旭老师曾提出一种叫作"六位一体"的治疗方法，专门应对抑郁情绪，也可以作为抑郁症治疗的辅助技术。这里给大家简单介绍一下：

外因：主动隔离创伤源——不管是一个控制欲太强的妈妈，还是一个风流成性的浪子。尽快从导致抑郁情绪的环境中抽离出来，或者减少接触的时间。

内因：打破抑郁型人格，通过一些固定的习惯，培养乐观的信念。一个简单的方法，就是多对着镜子微笑，多肯定自己。

情绪：摆脱习得性无助所带来的空虚感和无力感，慢慢学会调整预期，接受现状，鼓励自己，学会一些让情绪流动的心理练习，比如拥抱内在的小孩。

认知：抑郁情绪的背后往往会有一种病态的认知和强迫性意念。所以，我们需要通过系统脱敏的方法，一步一步地、从易到难地增加勇气，面对强迫性意念背后的恐惧。

行为：经常自我暗示，重新对自己感兴趣，对自己的身体感兴趣，跟自己和解，这样才会重新对事对人感兴趣。

支持：学会应对人际交往，懂得如何去获得理解和支持，特别是获得一些有滋养性的关系，减少或隔离那些持续损耗性的关系。

当然，我们也可以通过照顾生命来获得滋养，比如养一些花草虫鱼或小猫小狗，或是去福利院看望孤儿、老人。

7

特别补充一点，对于抑郁情绪，除了以上的方法，我们还可以通过一些心理练习，比如以下这个"安全岛技术"，来帮助我们更好地缓解。

选一个安静的环境，保证不被干扰，放松地坐下或躺下。一定要先确认自己已经进入了放松状态，因为任何的疑惑都会使敏感的神经立刻绷紧。

做三次以上的深呼吸，让自己彻底地平静下来。然后请你在内心世界里找一找，有没有一个安全的地方，在那里你能够感受到绝对的安全和舒适。它应该在你的想象世界里，也许它就在你的附近，也可能离你很远。无论它在这个宇宙的什么地方，那个地方只有你一个人能够造访，你也可以随时离开。

你也可以带上友善的、可爱的，能陪伴你、为你提供帮助的东西，你可以在这个地方设置一个你所选择的界限，让你能够单独决定哪些有用的东西允许被带进来，但是真实的人不能被带到这里来。

别着急，慢慢考虑。找一找这么一个神奇安全又让你感觉到惬意的地方。或许你看到了某个画面，或许你感受到了什么，或许你只是想着有这么一个地方，让它出现。

如果你在寻找安全岛的过程中出现了让你不舒服的画面或者感受，别太在意。告诉自己现在你只是想发现好的内在的画面，处理不舒服的感受可以等到以后再说。现在你只是想找一个只有美好的、使你感到舒服的、有利于你康复的地方。

你可以肯定有一个这样的地方，你只要花一点时间，有一点耐心。有时候要找一个这样的安全岛有些困难，因为还缺少一些有用的东西，你可以动用一切你想得到的器具，比如交通工具、日用工具、各种材料、有魔力的一切有用的东西。

当你到达了内心的安全岛的时候，请你环顾左右，看看是否真的感到非常舒服、非常安全，可以让自己完全放松。请用你自己的心智检查一下，这点很重要，就是你应该感到完全放松、绝对安全、非常惬意。请把你的安全岛规划成这个样子。

你的眼睛所看见的让你感觉舒服吗？如果舒服，就留下；如果不舒服，就变换一下，直到你真的感觉很舒服为止。

气温是不是很适宜？如果适宜，保持这样；如果不适宜，就调整一下气温，直到你真的觉得很舒服为止。

你能不能闻到什么气味？舒服吗？如果舒服，就保持这样；如果不舒服，变换一下，直到你真的觉得很舒服为止。

如果你在这个属于你的地方，还是不能感到非常安全、非常惬意的话，这个地方还应该做哪些调整？请仔细观察，在这里还需要些什么，能使你感到更加安全和舒适。

把你的小岛准备好了以后，请你仔细体会在这样一个安全的地方你都有哪些感受。

你看见了什么？你听见了什么？你闻到了什么？你的皮肤感觉到了什么？你的肌肉有什么感觉？呼吸怎么样？腹部的感觉怎么样？请你尽量仔细地体会现在的感受，这样你就知道到安全岛的感受是什么样的了。

如果你在你的小岛上感受到了绝对的安全，就请你用自己的身体设计一个特殊的姿势或者动作，用这个姿势或者动作，你可以随时回到这个安全岛来。以后只要你一摆出这个姿势，或者一做这个动作，它就能帮你在你的想象中迅速地回到你的这个安全岛上，并且感觉到舒适。这个动作可以设计成别人一看就明白的样子，也可以设计成只有你自己才明白的样子。

请你带着这个姿势或者动作，全身心地体会一下，在这个安全岛上感觉有多好。

好，下面撤掉你的这个动作。平静一下，我们马上要回来了，慢慢地睁开眼睛，回到自己所在的房间，回到现实世界中。欢迎。

以上这个练习，大家可以找个朋友一起做，其中一个人先读引导语，另一个人尝试练习，完成之后两人互换角色练习。值得一提的是，这样的练习不能指望一次性完成，而是像学钢琴、学游泳一样，需要经常练习，反复实践，才能慢慢地培养起内在的安全感。

总的来说，世间万物皆有裂痕，而这裂痕，也正是光照进来的地方。无论如何，我们只有怀抱一颗感恩的心，把抑郁情绪当作一份礼物去拥抱，去体验情绪的流动，才能真正地化茧成蝶，继而拥抱一个更为自由、美好的人生。

潜意识意识化：

如何通过埋藏的记忆治愈伤口？

1

静静是一个长得不错的姑娘，皮肤白皙，身材姣好，唯一的问题就是
左眼大，右眼小。

记得印度有一个古老而神奇的说法：一个人的左眼，往往对应着他跟母
亲／女性的关系，右眼则对应着他跟父亲／男性的关系。

虽然这个说法没有科学依据，但事实上，静静跟男性的关系非常糟糕，
从小到大，她身边几乎没有一个走得近的男人。如今在公司上班，每当有男
人迎面走来时——从领导到司机，甚至是无关紧要的快递员，她都恨不得

找个地方躲起来，假装看不到。

其实，静静之所以会变成这样，可以追溯到小时候的一段记忆。这段记忆并没有随着她的长大和时间的流逝慢慢地模糊和消失，而是像有生命一样，不断地蚕食着她的内心，让其痛苦至今。

那是在她十岁时，暑假期间，因为工作繁忙的关系，爸妈把她送到乡下的外公家，打算让她在那里待一个月。

万万没想到的是，有一天晚上，她睡到半夜，迷迷糊糊之时，突然感觉有人在抚摸她的乳房和私密处，而摸她的人居然是外公！她害怕极了，却不敢吱声，更不敢反抗，只能继续装睡，最后实在没有办法，便翻了个身，外公随后也走了。

那晚之后，这个回忆就一直缠绕着她，她不敢告诉任何人。有时候，她甚至怀疑是自己的错觉，或是在做梦，因为外公一直对她挺好的。

然而，从那时起，静静就特别害怕跟异性相处，不管是男同学还是男老师。长大后，一旦有男性追她，她都会生理性地防御，哪怕跟别人出去吃饭，她都会极度抗拒，好像是奔赴鸿门宴一样。结果就这样，一直到三十岁，她都没有谈过一次男朋友，甚至不敢单独跟男人去看电影。

著名的精神分析大师阿德勒曾在其代表作《自卑与超越》一书中提道：

"在所有的心灵现象中，最能显露其中秘密的，是个人的记忆。记忆不是偶然的，人们只会记忆那些他觉得对他的处境极其重要的事件。"

也就是说，记忆是一个人最大的告密者，它诉说着内心的故事。也正是童年那份可怕的记忆，一直像个幽灵一样缠绕着静静的心智，毒害了她很多年。

2

我有一个朋友，从小就很怕冷。她虽然在南方，但一到冬天，嘴唇就会被冻成紫色，而且还是在穿两件南极人保暖内衣的前提下。另外，她还非常怕孤独，极度抗拒独处。有一次，因为工作的关系，她需要在外地住一个礼拜，结果每天晚上都做噩梦。

对此，她感到非常困惑。所以一直以来，她都希望从心理学的角度找到背后的答案。

我让她画过房、树、人，她画的房子和人都没什么大问题，重点是树。她画了很多棵树，看起来像一片森林。要知道，这是一种很少见的情况，因为绝大多数的人都只会画一棵或者几棵树而已。由此可见，她的生命树很难独立生存。

随后，我们聊了一下她的原生家庭，试图从中找到一些线索，却发现她爸妈的婚姻很好，而且一直很爱她。她在工作和情感中表现出来的状态也不错，一直以来就自信热情，并不像有神经官能症的人。所以，对于她的困惑，我一直也是无能为力。直到后来，因为一次偶然的机会，我才找到背后的原因。

那是某个周末，几个朋友一起去露营，其间每个人都分享了自己的故事。轮到她讲的时候，她说在她念小学时，有一次偷偷地跟同学出去玩，结果在山里迷路了，怎么也走不出来。直到三天后，她们才沿着一条小溪走了出来，下山看到第一个人的那一刻，她们都瘫坐在了地上。

她还说，那几天晚上，她们在山里睡，夜风非常冷，而且还下着雨，晚上她们就抱在一起，那份彻骨的寒意，那份濒临死亡的绝望，让她一直记忆犹新……如你所料，这就是她一直以来特别怕冷和孤独的原因。

3

在日常的心理咨询中，为了更好地了解来访者的真实情况，我经常会让对方回忆一下，生命中最让他印象深刻的三个场景。因为，这些场景都是生命中最重要的记忆，其中藏着简单却深刻的隐喻。

有意思的是，大家的回忆一般都是痛苦的居多，比如说被父母留在老家，或是跟某个多年的好朋友决裂，抑或是被性侵。可能有些朋友会问，为什么我们更能记住那些痛苦的回忆，而对于那些快乐幸福的时光，却总是记不太清？

原因很简单，因为痛苦的记忆往往会威胁到一个人的生存，所以本能上，大脑更倾向烙印这些记忆，以避免今后陷入同样的境地。

也就是说，记忆本身就是一种保护机制，它们是能说话的。然而，很多朋友总是回避它们，阻止它们说话，结果导致各种心理问题。殊不知，只有把问题的本源找到，让死能量重新流动，潜意识被意识化，伤口才会有治愈的可能。

总的来说，每个人的记忆都是最大的告密者。记忆里面出现的第一个人，则是内心最好的代言人。所以说，如果你的爱人有什么新鲜的故事，你一定要坐下来好好听听，没准能听出一个完全不一样的他。

4

不过话说回来，某些心理疾病严重的患者，可能会偷换自己的记忆，或者会选择性忘掉某些经历，以防御内心的不适。比如有一个姑娘，五岁的时候弟弟溺水而亡，而且还是因为她。可以想象，这样的记忆太过痛苦，所以她选择了遗忘。

然而，表面的记忆看似不存在了，但潜藏在内心深处的伤痛却一直存在着，而且会一直影响着她——过去并没有真正地过去。

要想让患者真正痊愈，绝不是在大脑中开个洞，而是教他们如何面对这份痛苦的记忆。当然，治愈心灵的路需要慢慢来，每个人的内心容器都有限，要根据来访者的接受程度，逐步去让他们面对，一点一点地把光放进来，重新点亮鲜活的生命。

4Z 自爱力：

摆脱"不敢爱、不配爱和不会爱"的魔咒

1

我曾看过一期心理类节目，说一个三十多岁的女主播，结婚多年，育有三个女儿，最大的六岁，最小的一岁多。然而，在大女儿的生日晚会上，女儿居然公然许愿，希望三姐妹以后都不要结婚，不要嫁人！

在这样一个特别的日子里，许下这样一个极其消极的愿望，可想而知，孩子是在一个什么样的家庭中成长的。

而一个无底线、不自爱，只会忍辱负重和委曲求全的妈妈，又是如何影响一个孩子的婚姻观的？特别值得一提的是，该主播还有一个亲生姐姐，

她们来自同样的原生家庭，却有着完全不一样的幸福轨道。试问，背后到底是因为命运不公，还是有其他的原因呢？

2

让我们把目光暂时地拉回她小时候，女主播的父亲常年酗酒，喝醉后便会打她的母亲，一直到女主播上小学，父母终于离婚，此后便由母亲一个人抚养她们，生活艰苦。

后来，姐姐为摆脱父亲的阴影，中学就开始拍广告赚钱养家，而妹妹从小由姐姐带大。她们虽不算是孤儿，但内心的孤独感非常强，安全感弱，对完整家庭的渴望异乎常人。所以长大后，妹妹由于内在心理动力（改造父亲），容易爱上跟爸爸一样有暴力倾向的男人，婚后因为害怕家庭的分裂，她死死握住，不肯松手——哪怕对方一次次出轨和动手，她都忍辱负重和强颜欢笑。从中我们似乎可以发现，会不会爱自己，其实跟长相、金钱、地位、学历等通通无关。正如该女主播一样，不但漂亮而且也不差钱，可还是不会爱自己。

一般来说，不爱自己的人的心理逻辑，可以分为以下三种：

（1）不敢爱

他们很容易把"爱自己"理解为太自私，一旦自私，就可能会被这个世界攻击，所以他们不敢爱。但其实，自爱和自私是完全不同的。

自私是向外索取，希望从外界获取些什么而使自己快乐，所以自私之人不停地向外索取。自爱则是向内求取，把目光投向自己，主动斟满自己的杯子，自己让自己幸福快乐。你只有自己真正快乐了，才能感染身边的人，让别人收获快乐。也就是说，自爱的人，最不自私。

（2）不配爱

他们觉得自己不配得到爱，不配享有幸福。

举个例子，有这么一个来访者，每次想休息就会有很深的内疚感，因为她认为"不优秀就不配活"——这样的心理逻辑是小时候父母给的。最惨痛的一次记忆，就是她读小学时有一次考了九十九分回家，结果父亲大发雷霆，把她的书桌都砸烂了。

再举个例子，一个漂亮的来访者，结婚后总闹得家里鸡犬不宁，让她老公很崩溃，一度想要离婚。她说，每次家里感觉比较平静幸福的时候，她都会忐忑不安、心神不宁，总想找些事来挑衅和测试老公，以证明老公爱自己。

其实，这都是因为她在内心认为自己不配爱，所以总想"实现"这个暗示，以找回童年那种熟悉的没有人爱的感觉。

（3）不会爱

除了"不敢""不配"，还有一点就是"不会"。他们是真的不会爱自己，不懂怎么做才能慢慢地活出自己、伸展自己并爱上自己。

在我的幸福工作坊中，我经常会让大家填一个"自我关心清单"，以检测大家会不会爱自己。具体是这样的，清单分为左右两栏（具体如下），学员根据自己的情况打钩，左边每个钩减三分，右边每个钩加两分，得分越多，心智越成熟，越懂得爱自己。

自我关心清单

过度消费，贪吃，过度放纵	允许自己犯错误，承认自己的弱点
期待他人读懂你的想法还有迎合你的想法	在你脆弱的地方找到你的需求
限制自己的成功	花时间和朋友在一起
忽视自己最深层次的渴望，而用其他的来填充自己的渴望	休息
忽视自己真正的情绪还要挂起笑脸	玩
没有清晰的自我边界	运动
允许他人从精神上、肉体上或者性方面伤害自己	吃得好

自我关心清单

背离自己去恭维他人	合理地花钱、理财
由于不能决绝地拒绝才答应他人	追求自己的梦想
不给自己独处的时间	与他人坦诚地分享
因为你需要感觉自己重要、被需要，还有价值而过度付出	享受和你喜欢的人成为知己
害怕情感上的亲密	原谅甚至感恩你的敌人
害怕被分离和被抛弃	适当地表达情绪
尝试自己完成所有的事情而不要求其他人帮忙	告诉他人，他们对你来说意味着什么
尝试表现得很完美	说出"可以"或者"不行"
否定和攻击自己	为自己创造一个有力的支持系统
经常为过去的事懊悔	庆祝或大或小的成绩

接下来，我们就来看看，如何去提升一个人爱自己的能力。

3

所谓的爱自己的能力，可以称之为"自爱力"。一般来说，自爱力包括以下四个方面——个人把它概括为"4Z 自爱力"：

（1）自我了解

知道我是谁、我从哪里来、我想要什么、我终究会到哪里去。

爱自己的人通常很了解自己的所思所想，以及自己的感受和内在的心理逻辑。所以驱使他们行动的往往不是他人的要求，也不是某种波动的情绪，而是自己的内心。

（2）自我接纳

允许自己的不完美，接纳暂时的虚弱。

从心理学上来说，要想做到自我接纳，需要整合好自己的"坏"，比如愧疚、悲伤、攻击性等，并且能接住自己的"坏"。因为"坏"往往带来虚弱感，很多人承受不了，就会往外扔——精神分析称之为投射，扔得多了，敌意也多，怨恨也多，也就很难爱自己。

（3）自我取悦

能照顾好自己的需要，有稳定的兴趣爱好；能守住自己的边界，懂得取悦自己。培养一到两个真正的爱好，并以此来取悦自己。不再沉迷于追逐刺激，比如不要跟朋友去唱歌蹦迪，疯狂地满足物欲，而是把更多的精力放在能让我们保持稳定和专注的事物上。

比如说，有这么一个来访者，她在银行上班多年，非常乏味，可是又没有动力更换位置。在咨询过程中，我发现她非常爱唱歌，嗓音也特别好，有这样的天赋。然后我们就让她从这一点去发掘，后来她做上了主播，给一些自媒体录文章，非常开心。这份开心，又滋养了她的家庭和工作，很好地循环起来。

（4）自我肯定

相信"我值得""我可以"，秉承成长观，而不是宿命观。相信一切都在流动。

《福布斯》杂志的掌门人马尔科姆·福布斯曾说："太多人高估了自己不能成为的模样，而低估了自己所蕴含的潜能。"当你因为别人的成就而羡慕、自卑时，请尝试去理解他们背后所付出的努力和牺牲。

要知道，每个人都是独一无二的存在，你的身上可能有着其他人梦寐以求的优点，学会发现你的长处并努力让它发光吧。只有这样，我们才能更好地滋养自己。

4

在了解了"4Z自爱力"之后，接下来，我们将通过七个维度，进一步探讨如何越来越爱自己：

（1）身体

每个孩子最初来到世界上，最重要的就是吃喝拉撒。所以说，一个人最初在吃喝拉撒方面的满足与否，决定了他最原始的安全感。

这也意味着，爱自己的第一步就是要照顾好自己的饮食起居，并以此作为起点延伸到包括肌肤、身体、感官、物质等方面的合理满足。前提是，我们需要通过自己的能力去满足，而不是奢求外人，比如指望老公给你买珠宝、名牌包，老爸给你买豪车、别墅，等等。

在自我满足的过程中，我们会慢慢爱上自己的身体，继而爱上自己。另外，这里再推荐一个小练习，规则很简单，就是时不时对着镜子说："你很美，你本来就很美，也会越来越美。不管别人怎么看，在我的眼中，你就是独一无二的存在。有缺点也没关系，因为每个人都有缺点，我接纳，我允许，我欢迎，我会试着去看到你更多的优点，并展现出更多的智慧……"

（2）内在父母

从心理学的角度，每个人心中都藏着两个"我"：一个是"内在父母"，其内容是我们对自己的现实父母和理想父母的内化；一个是"内在小孩"，其内容是我们对自己童年的记忆和自己理想童年的内化。一个人之所以不敢爱自己，往往是因为内在父母太过苛刻了，让我们感觉不到爱。如果想打破，就必须尽可能地跟真实的父母达成和解，接纳原生家庭，形成不苛刻的内在父母。

此外，我们可以通过以下三步，更好地帮助我们整合。首先，我们需要一个稳定的客体，它会直接影响我们的内在父母，可以是爱好，也可以是咨询师，或是一个不错的爱人；其次，不断试探，磨合；最后，完成跟客体的分离，形成一个不苛刻的内在父母。

正如某个心理学家所说："一个人，只有真正拥有了某种体验，他才可以与这个体验，连同给予他体验的这个人分离。"从真正分离的那一刻起，我们内心的整合便发生了。

整合以后的我们，冲突会少很多，有的只是现实冲突，而非内心冲突，不会有强烈的二分法，比如骂孩子一句不会被内疚淹没，分离不会太恐慌，优秀不会太挣扎，努力更不会太内耗。

（3）内在小孩

接纳不完美的自己，不断地自我暗示"你值得拥有"，形成内在的安全感和配得感。要知道，一个不爱自己的人，其心理年龄往往还停留在童年，而且还是受伤的童年。

所以，当一个人的情绪很崩溃时（往往是内在小孩在闹腾的时候），我们可以通过一些自我暗示或是心理练习，不断地自我安抚，给予关爱和温暖，并承诺陪伴这个小孩长大。

（4）情绪管理

做好内心死能量的去毒化，学会让自己的情绪流动，愿意为自己的情绪负责，搭建好亲友社交关系，随时滋养自己，在必要的时候管理自己的情绪。

（5）时间

形成正确的时间观，懂得延迟享受，有足够的耐心去追求目标，也知道自己真正要去哪里。

从精神分析来看，婴儿的思维就是升起一个念头，比如说饿了，就想立即得到满足，不满足就会觉得世界崩塌。他们没有时间观，不知道事情可以通过时间的积累、不断的努力，发生本质的改变。但心智健康的成年人不同，我们知道时间这个概念，也知道时间的作用。

（6）空间

有边界感，懂得精神独立的重要性。明白爱别人，只不过是扩大对自己的爱。不会有隧道思维，不会偏执地一条路走到黑，知道可以切换空间，以完成对目标的追逐。

（7）信仰

信仰的是成长论，而非宿命论。前者知道命由己造，会越来越好；后者认为一切早已注定，无力回天。

5

总的来说，我们每个人终其一生，并不是要说服别人爱自己，而是要说服自己爱自己。需知道，自己永远是一，其他的（比如财富、亲友等）都是零。没有前面的一，再多的零也是空的。但只要有了这个一，我们就可以开始不断地往后加零。

王尔德曾说，爱自己，才是终身浪漫的开始。所以，这里也想邀请你，从今天开始，也从接下来的每件事开始，一起打破"不敢爱、不配爱、不会爱"的魔咒，慢慢地爱上自己，形成看起来陌生但终究会熟悉的"爱自己体验"，继而享受终身浪漫。

最后，给你送上一首来自世界著名的家庭治疗师萨提亚的诗《如果你爱我》（节选）：

请你爱我之前先爱你自己

爱我的同时也爱着你自己

你若不爱你自己

你便无法来爱我

这是爱的法则
因为
你不可能给出你没有的东西
你的爱
只能经由你而流向我
若你是干涸的
我便不能被你滋养
若因滋养我而干涸你
本质上无法成立
因为剥削你并不能让我得到滋养
把你碗里的饭倒进我的碗里
看着你拿着空碗去乞讨
并不能让我受到滋养

牺牲你自己来满足我的需要
那并不能让我幸福快乐
那就像你给我戴上王冠
却将它嵌进我的肉里
疼痛我的灵魂

宣称自我牺牲是伟大的

那是一个古老的谎言

你贬低自己并不能使我高贵

我只能从你那里学到"我不值得"

自我牺牲里没有滋养

有的是期待、压力和负担

若我没有符合你的期望

我从你那里拿来的

便不再是营养

而是毒药

它制造了内疚、怨恨，甚至仇恨

情绪法则 :

。。。

　如何正向地转化恐惧、焦虑和孤独等情绪?

1

　　做咨询工作多年,每当有来访者提出想挽回婚姻,我都会第一时间说 :
"不怕离婚,才能更好地挽回婚姻。"

　　为什么呢? 很多朋友都表示疑惑,说就是因为害怕离婚,才跑来找你
咨询该如何挽回的呀。如果真不怕了,还找你干吗? 花钱找天聊吗?

　　乍一听,逻辑好像无懈可击。但仔细琢磨之后呢? 试问两个没有任何
血缘关系的人硬是走到了一起,朝朝暮暮,长长久久,就是因为害怕吗?
难道婚姻的产生就是因为害怕孤独和分离,而不是因为真正地喜欢甚至爱

对方，因为想要追求幸福美满、琴瑟和谐，而对方也恰好就是那个合适的人吗？

须知道，那些真正幸福的夫妻，他们并不是因为害怕离婚而纠缠死守，而是因为彼此成就而风雨同舟。

也就是说，他们内心独立，人格健全，不是特别害怕离婚。而且因为他们对自己有足够的爱，如果对方选择了分离，他们甚至可以理解为："离开我，是你的损失，你一定会后悔。"

反之，一般需要挽回的婚姻，本身已经千疮百孔。而且想挽回的人，本身属于被抛弃者，受害者情结严重，心理价值普遍较低。这个时候，越是害怕，心理价值就越低，另一半就越是想逃离。

而且，一个人因为害怕而做出的事，比如讨好或暴怒，往往具有较大的破坏力，很容易就把婚姻推至不可挽回的境地。

2

墨菲定律是一种典型的心理学效应，表达的是这样一种情形，如果事情有变坏的可能，不管这种可能性有多小，它总会发生。这个定律乍一听，好像有些莫名其妙。但我们对此延展一下，就很容易理解了："一个人越怕什么，什么事情就越有可能发生。"因为怕是对事情的最大滋养，恐惧则是事情发生的最大动力。

举个例子，一个很没有安全感的女人，特别怕男朋友不爱自己，怕男朋友出轨。所以她经常看男朋友的手机，寻找男朋友可能出轨的蛛丝马迹，删掉男朋友所有（除了妈妈）的女性朋友。

另外，她没事还会跑去男朋友的公司，监督男朋友的行踪，神出鬼没，让人防不胜防。如果打电话给男朋友，对方第一时间没接，也没有回复微信，她就会疯狂地一连打十几通电话，直到对方接听为止。

试问，她的男朋友最后会不会选择分手？

3

同样地，有关怕的秘密，也会体现在生活的其他方面。比如说有一个单亲妈妈，过于害怕孩子的成绩不好，每次孩子不认真学习，她都会歇斯底里地打骂。另外，她自己又很容易焦虑，而且会不经意地投射给孩子，让孩子背负巨大的压力和负罪感，让孩子感觉是为了妈妈在学习。

试问如此的家庭，孩子的学习成绩能好吗？

类似的情况比较容易发生在单亲家庭中，因为妈妈遭遇了婚姻的不幸，感情暂时失去了寄托，容易把情感倾注给孩子，导致孩子从内心深处厌学——如此一来，即便成绩看起来很好，内心也会发生巨大的变化。例如吴谢宇，从小乖巧听话，努力学习，最终也很争气地考上了北京大学，可没想到，最后会变成一个冷血、冷酷，空有高智商而情感荒芜的人，乃至亲手杀害了自己的母亲。

另一个例子，某个单亲妈妈，从小对女儿就非常严厉，把学习抓得紧紧的，结果女儿的成绩确实不错，从小到大都是学霸，后来还去了美国名校留学，可去了没多久，就彻底放飞自我了，最后被迫退学回国。由此可见，怕对我们的教育有着太多的负面效应。

4

在咨询室里，我见过很多的女性，因为害怕孤独，也害怕分离后的寂寞，所以委曲求全地待在婚姻里，忍受着老公的精神摧残。可事实上，越害怕孤独终老的人，越容易孤独终老。

这里面藏着三层心理逻辑：

（1）越害怕孤独终老的人，好不容易遇到一个相对合适的人，就会拼命地抓住对方；拼命抓的时候自我价值就偏低，对方就会烦；对方越烦，这个人就会越怕，价值就越低。最终恶性循环，对方就越可能离这个人而去。

（2）越害怕孤独终老的人，其实是内心不独立、总往外求的人，就不会想着去丰富自己的内心世界。内心不丰富的人，年龄上去后，外貌已经没有优势了，内心也容易变得贫瘠而无趣，难以有光芒和吸引力。

（3）越害怕孤独终老的人，越会把精力投向孩子，造成孩子吞没性焦虑和创伤。长大后，孩子就特别想远离妈妈，以摆脱这种吞没性创伤。

试问，在以上三种逻辑的推动下，她孤独终老的概率有多大呢？

5

在心理学上，有一个非常有趣的情绪法则。具体指的是，一个人很容易显露出他所喜爱的和憎恨的事物，即你会显露你喜爱和憎恨的一切。简单来说，一个人的内在情绪越大，对某个人产生越多的情绪，就越可能活成那个人的样子。

举个例子，我有个来访者，她的老公小时候，父亲就不负责任，找了个情人，抛弃妻子，离家出走，多年来音信全无。可想而知，他有多么憎恨父亲。可是后来，他却不经意地活成了父亲的样子，如今在外面有一个九岁大的私生子（他跟他老婆的孩子才八岁）。来访者经常对老公说："你不是最恨你爸吗？怎么现在跟他一模一样？！"每次她这样说，她老公都置若罔闻。为什么会这样子呢？其中暗藏的心理学原理到底是什么呢？

我们来举一个简单的例子：当我对你说，不要想红色，那你脑海中出现的是什么颜色？当有人跟你说不要想房间里的大象，那么，什么动物会第一时间出现在你的脑海里呢？同样地，当你跟另一半说，你不要骗我，你一直在骗我！结果对方就被负面能量催眠了，欺骗会一直持续。

6

一般来说，害怕是一个人最主要的情绪，也是所有痛苦情绪的根源。嫉妒是害怕被超越，伤痛是害怕被忽略或被羞辱，愤怒则可能是害怕被攻击或被毁灭……

这也意味着，那些生活中没有被你接纳的情绪，都会在潜意识中累积。任何被你拒绝的情绪，都会在累积到一定程度后，以扭曲的复仇方式返还。另外，每个人其实都有自我实现的能力，只要他更多地专注正向方面的情绪，心里住着一缕阳光，眼睛眺望着希望的远方，生活就一定会慢慢往正向方面流动。正如丘吉尔那句著名的话：

如果你感觉自己在走过地狱，怎么办？

走着别停。

如何通过梦的解析，

解开你我内心深处的谜团？

1

有一个漂亮的女性朋友与我分享了一个有趣的梦。

她说她老公最近总是梦到跟其他女人在一起。然后问：应该怎么办？是不是说明她老公想出轨？我问她："那你老公平时有出轨的倾向吗？"她说："好像没有，他这人没什么好的，唯一的优点就是老实稳重，有责任心。"不过有一点她很纳闷，他梦里的女人居然没有她。

我说这个当然，哪怕你跟明星一样风情万种，他也不大可能梦到你。男人一般都不会梦到跟自己的老婆在一起。聊到后来，我们才愕然发现，其实并不是她的老公梦到了出轨，而是她梦到她的老公在疯狂出轨。

更有意思的是，她之所以有这样的梦，并不是说她有预见性，而是因为前阵子一个偶然的机会，她跟初恋重逢，发现一别多年，当年的普通青年如今变得又帅又多金，而且还是某大型公司的高管，浑身散发着迷人的荷尔蒙气息——这让她后悔莫及，同时心花怒放，总幻想着能跟对方擦出点火花……说到这儿，但愿她的老公不会读到此文。

为了在内心找到平衡感，她才做这样的梦，"安排"老实的老公疯狂外遇，以减少自己内心的愧疚感。

2

其实，这是梦的一个常见功能。弗洛伊德在其代表作《梦的解析》中曾多次提出，梦往往是内心愿望的呈现。

当然，这里的愿望一般不是那么明显，比如说上面这位朋友，不会说想跟初恋在一起，就直接在梦中翻云覆雨。因为这明显是有悖道德和伦理的——也就是所谓的"超我"。所以，梦需要绕开"超我"所设定的各种审查机制，才能被我们觉察。那么，对于我们的梦来说，最容易被砍掉的内容是什么呢？

往往是这两个方面：性和攻击性。对此，心理学家武志红曾提及，在他早期的咨询生涯中，但凡遇到解梦的问题，他首先考虑的就是性和攻击性这两个点，因为这是解梦的最好切入口。原因很简单，一个人倘若在现实生活中压抑了这两个本能——这两个也恰恰是很容易被压抑的，它们往往就会投射到梦里，并且还可能披着各式各样的面纱。

当然，对于梦境，我自己也有一些粗浅的理解。梦除了呈现我们的潜在愿望，还有一些其他的功能，比如说预警，或是神奇的心灵感应，抑或是接下来想跟你分享的这点。

3

前不久，一个来访者跟我反映，她一连做了几天的死亡梦：

第一天，她梦到自己在人群中游走，可突然发现，别人可以穿过她的身体，原来她早就成了鬼魂；

第二天，她梦到有人在哭泣，而且是一群人在雨中哭泣，后来才知道，是因为有人死了，这个人就是她；

第三天，她梦到自己小学时最好的朋友被杀了，这个好友她最近都没有联系过，也就是说，这个朋友，很大可能是她自己。

经过一番了解，我们发现，她的死亡梦其实是一个有关职业变迁的梦。

因为前不久她找到了一份新工作，经过苦苦权衡之后，她终于下定决心，要离开这个待了多年的城市，跟过去的自己和人脉彻底告别，而这一信息投射在梦里，就变成了"死亡"，但不是真的死去——这也是为什么她在梦中虽然发现自己死了，可并没有悲伤的缘故。

解完梦的当晚（潜意识被意识化了），她就不再做死亡梦了，并且坚定了这次的选择。后来的结果表明，她这次的选择正是人生中最重要的分水岭，在下一个公司，她不但找到了自己真正热爱的事业，还遇到了未来的老公。

4

总的来说，梦是一扇打开内心深处的窗。通过这扇窗，我们可以更好地触碰潜意识。众所周知，潜意识的智慧要远远大于意识。据催眠大师格桑泽仁所说，潜意识的能量是意识的三万倍以上。

所以，不管是在感情中，还是在事业的十字路口，抑或是人生的分水岭，连接了更多潜意识的我们，才可能会做出更有智慧的选择。

有意思的是，梦这扇窗还会说话，会告诉我们一些深藏于心的秘密。如在电影《爱德华医生》里，正是通过梦的解析，让男一号摆脱了杀人犯的罪名，找到了真正杀死"爱德华医生"的元凶。

一个人主观的认知和真实的自己相差越远，冲突越大，其心理问题就越严重。

正所谓"庄周晓梦迷蝴蝶",不知周之梦为蝴蝶欤,抑或是蝴蝶之梦为周欤? 每个人的梦看起来都是那么虚幻而难以捕捉,但梦里梦外,谁又能说得准哪个才是最真实的我们? 哪一种感觉才是最真实的呢?

【孤独之问答】
。。。
来访者一：好桃花

沈老师，我年纪越大，感觉越想嫁人。以前是爸妈催，现在是自己急，谈了几次恋爱，都分手了。我想问一下老师，一个人的"好桃花"到底从哪里来啊？

回答：

首先来说说好桃花。从心理学的角度来看，嘴上总是说"男人都不是好东西"的女人一般很难遇到好男人，她们所遇到的常常会是烂桃花——当然，男人也是一样。

因为自恋是人的本能。当一个女人说男人不是好东西的时候，她为了满足自恋的需求，就会潜意识去遇见不好的男人，然后再告诉自己和别人，瞧！我没说错吧，我早说了男人不是好东西。

所以，真正的好桃花都是从你的内心而来的，让自己先成为别人的好桃花吧！

其次，我们再看看有哪些方式比较容易遇到合适的人。一般来说，认识异性的场合分为线下和线上：

线下的可包括以下七种常见的方式，从概率上来看，排得越靠前的，好桃花越多。

1. 朋友。
2. 老同学、老同事。
3. 现任同事。
4. 亲友介绍。
5. 兴趣团体。
6. 参加电视台等节目，如《非诚勿扰》。
7. 酒吧、图书馆、马路上等。

说完了线下，我们再来看看烂桃花扎堆的高危区——线上，具体包括各种交友软件、相亲网站等。虽说线上交友是一种便捷的方式，但也是遇到网骗男、浪子等烂桃花的重灾区，一定要擦亮自己的眼睛，尽快地转线下。

【孤独之问答】

○ ○ ○

来访者二：信任危机

您好，沈老师！我和我老公一起生活十七年了，他疑心很重，我们今年闹得很严重，他有一点不顺心的事都会怪在我头上（最近事业很不顺），骂我也骂得很难听。我从来都没有做过对不起他的事，可他就是不信任我，我要怎样做才能让他相信我？家里的事他从来都不管，每天就玩手机。

回答：

你老公之所以不信任你，一方面是因为工作不顺，找不到存在感；另一方面，他在家里可能也一样，缺乏安全感，越来越自卑，表现出来的就是一种强烈的控制欲。如果任其发展下去，甚至会变本加厉。这种心理产生的原因，是因为要转嫁自己的自卑感。

所以，在平时的沟通中，我们要多鼓励、接纳和欣赏你的爱人，慢慢地化解他的自卑感，千万不要打击他的自信心，也不要说一些鄙视、讽刺的"对人不对事"的话。

如果他对家里有任何微小的付出（哪怕是偶尔去洗一次碗），也要进行称赞，引导他主动去付出。

确实，改变的路非常艰难，但我们可以从一个好的开始切入。

【孤独之问答】

来访者三：坏男人

沈掌柜，我特别看不起自己，我男朋友是一个十足的坏男人，专门骗女人。

就他这样，还喜欢在人面前吹牛，说自己出去都是女人买单，都是女人为他花钱。

他长得不帅，其他各方面都不行，层次很低，还整天往自己脸上贴金，觉得自己见多识广，见识的女人多。我觉得这种行为好龌龊，可是我居然会因为这件事生气，然后数落他，我自己这种行为是不是也很没水准？我为什么不满意且不选择果断离开，反而在关系中抱怨？明明也知道抱怨无用。这是什么心理问题？

回答：

这是一个典型的困扰过无数女人的"为什么恨男人而又离不开男人"的问题。

一个人明明知道对方不好，可就是离不开，往往是因为我们从中能收获更多潜在的东西，比如说，他偶尔给的温暖——这可能是我们在原生家庭中特别缺失的。

另外，他可以被我们嫌弃，就像有了一个靶子，自己的枪（即内心的"坏"）不用射向自己，而是射到外界的一个实体上，从而保留了自我的好。

总的来说，以上两部分的动力——温暖和投射坏，它们相互交织在一起，让我们很难离开。同时我们也害怕分离，分离之后要重新面对。单身，要去相亲，都很容易让我们变得虚弱。

它的解药就是能承认这份虚弱，并且能接住。必要的时候，让朋友或者咨询师一起帮忙接住，重建内心支柱。

【孤独之问答】

。。。

来访者四：被出轨

沈老师，为什么我特别渴望平凡的生活？我一直以为平平淡淡、细水长流的感情才会长久，可是我之前找的男朋友出轨，喜欢刺激，现在老公居然在蜜月期出轨了，说不喜欢乏味的婚姻生活，现在吵着要离婚……我非常痛苦，不知道为什么会这样。

回答：

"追求细水长流的感情和平凡的生活"，这句话听起来好像没问题，很无辜，但其实往深处看，就会发现一个有意思的逻辑：

或许正是因为我们比较无趣、内向，内心相对贫瘠，然后补偿心理作崇——人总是会追求内心的阴影面，所以特别想追求一个"有趣"的人。这个特别"有趣"的人，就是当初那个追求刺激的老公。

所以试问一下：

如果我们自己能丰盛、有趣一些，又怎么会迷恋这么喜欢追求刺激的老公呢？

如果我们不是因为某一个点就扑过去，是不是能够更关注到对方其他的特点？比如说忠诚度是否高，外在是否有力量，内心是否有担当，人品怎么样，原生家庭怎么样。

如果在面对内心的欠缺时，不急着往外找，多补补内在，这样幸福的可能性会不会变得更大一些呢？

那些阻挡 爱 的障碍

。。。

stop the love

CHAPTER 2
不会 爱

梦到一个卖花的两手空空跟我说，
人要先感到幸福，
才能看到玫瑰。

如何姿势优雅地

"依附"我们的爱人？

1

有这么一个女人，小时候家里重男轻女，她长期遭受父亲冷漠对待。

她家里有三姐弟，父亲最爱弟弟，妈妈偏爱大姐。她作为老二，最不讨好，从小被嫌弃，在夹缝中艰难生存。长大之后，因为一个对自己关心备至的男人，她"顺理成章"地成了第三者——她太需要这份温暖了。而且，对方比她大九岁，典型的从小缺失父爱的补偿心理。

然而，这个男人却一直没离婚，其间还跟她生了一个孩子。直到她四十五岁时，男人的原配因为多年来受尽屈辱，积郁而亡。

她以为终于守得云开见月明，盼了大半辈子的名正言顺，如今终于可以如愿以偿了，盼了大半生的最美婚纱也终于可以穿了……

可万万没想到，男人不但不愿意结婚，而且很快有了新的女人。

她非常痛苦，却又没有办法离开——哪怕她有很好的谋生技能，有很好的身材样貌（业余瑜伽教练），也有一定的存款和房产。可她却说，自己就是没办法离开这个男人，因为觉得内心空空的，一旦离开，就会变成行尸走肉，一切都将失去意义。

从这个可悲的案例中，我们看到了一种非常典型的依附型人格：以男人为尊，为君，为天地，为世界观价值观人生观；自己则在不经意间沦为对方的附庸。

2

其实，类似的依附现象，在中国式婚姻中很常见，也是很多女性终生悲剧的根源。心理学家武志红曾说："依附他人，意味着如果你活得糟糕，你可以把责任推到别人身上，怨恨他们。而为自己负责，就意味着如果事情错了，那我也有错。这也是为什么某些中国女人恨男人，但又离不开他们的原因。"

我有一个来访者，老公出轨四年，她对老公是咬牙切齿地恨。这样的状态一直持续了两年。如今她稍微有了改观，也愿意出去做做美容，跟朋友爬爬山，懂得取悦自己，也敢真正地提离婚了。然而，他们之间的局面却发生了逆转，老公不但断了和情人的联系，还经常做饭，并且将饭送到她的单位。

总的来说，一旦一个人进入了依附的状态，就很可能陷入这样的轮回：

从小被迫依附父母。
长大后依附男友和老公。
年老了依附儿女。

结果悲剧一再重演，终生痛苦。那么试问，依附的背后，到底藏着一种什么样的心理呢？为什么她们就是无法独立，不愿长大，反而渴望病态共生呢？

一般来说，会有以下两个方面的原因：一是原生家庭，二是社会文化。

3

首先，我们来看看来自原生家庭的伤口。

依附成性的人，往往都是小时候缺爱的人。正是因为小时候太缺，所以长大后就拼命想要索取。我有一个来访者曾说过这样一句话，可以说是恰如其分地表达了这种心理："我被生下来后，就留守了，没有人爱我。我长大后，干吗不拼命找人爱？这些都是我应得的好不好！"

结果，正是这样的心理，导致她对老公过度依附，最终老公受不了了，想要离婚。

此外，小时候特别缺爱的人，容易有很深的死亡焦虑。他们时常活在被抛弃的可能性中，万分恐惧，所以在长大后，这份恐惧时常会突然来袭，防不胜防。

为了防御这份恐惧，最好的办法就是依附他人，因为依附意味着跟另一个人融合，这样就永远不会被抛弃，就没有恐惧了，也就"安全"了。也就是说，他们试图建立的关系，是藤和树的关系，自己是藤，一定要缠绕在一棵树上，依附共生，融合一体。如果用一个数学公式来形容的话，那就是：1+1=1。

正是由于这样的依附心理，他们才可以无底线地允许一个人背叛、长年冷漠，甚至使用暴力。因为一旦被生硬地分离，他们就会觉得生无可恋，世界崩塌。

4

除了原生家庭所带来的死亡焦虑和分离恐惧，在中国，还有社会文化方面的原因，助长甚至合理化了女人的依附性人格。

据不完全统计，中国人最爱看宫斗剧。从早年红遍大江南北的《金枝欲孽》，到《美人心计》《步步惊心》，再到《甄嬛传》等，每年都有大量的宫斗剧热播。不管女主角如何颜值逆天、智勇双全，背后都藏着一种典型的妃子争宠文化，也就是依附文化。而一旦在争宠中失败，那就是无尽地狱。

在张艺谋的电影《大红灯笼高高挂》里，财主老爷陈佐迁有四个姨太太，每一个姨太太的宅子前都会高挂一个大红灯笼。

如果老爷决定晚上去哪个姨太太那里过夜，就会点亮这个灯笼；如果哪个姨太太让老爷不开心了，那就惨了，门口的大红灯笼会被黑布封住，称之为"封灯"。被封灯的姨太太就像被皇帝打入冷宫的妃子一样。

可以想象，在这样一个残酷的规则下，每个女人都会想尽一切办法去获得老爷的欢心，依附老爷生存，没有自我。

同样地，在《红楼梦》里，大观园的女子各有各的不幸，有年轻病故的，有含恨而死的，有相思而终的，有自杀身亡的，有青年守寡的，有远嫁外地的，有出家修行的……看起来悲剧的发生各有缘由，但其本质的原因并无差别：依附男人而活，无法独立生存。

所以说，这样一种病态的文化已经在某种程度上扎根于无数中国女性的心中。哪怕一夫一妻制已经在中国实行了一百多年，某些女性在心理上依旧把自己摆在"争宠妃子"的角色上，特别是生完孩子后，放弃了成长，惶惶不可终日。

所幸的是，现代文明已经在不断强化女性的影响力，尊重女性的独立性，这一点单从各大电影中就可以看出：从 DC 的《神奇女侠》到漫威的《惊奇队长》，再到迪士尼的《冰雪奇缘》，乃至最近的《终结者 6：黑暗命运》等，我们都能清楚地发现，女性力量已经慢慢地登上了世界舞台，闪耀全球。

5

记得在《鲁豫有约》的一次采访中，徐静蕾说："我是一个不会孤独的人，是一个自己能待得住的人，这是我的安全感最大的来源。"其实，这样一种独立的状态，就是成功地摆脱了依附心理，活出了自己的状态。那么，对于那些暂时还固守在依附状态的人，如何才能真正地摆脱这种状态呢？从心理学的角度来说，一般有以下三个方式：

（1）放毒与安抚

如果是童年的创伤导致的依附心理，我们需要重新回到伤口产生的地方，进行负性情绪的宣泄，也就是所谓的"放毒"——需要注意的是，如果有些伤口太大太深，我们自己就不太好触碰了，建议找专业的心理咨询师。

与此同时，我们也要学会安抚自己，具体可以借助类似"拥抱内在小孩"这样的心理练习（规则如下），安抚的同时，就是治疗的开始。

【拥抱内在小孩】

① 闭上眼睛，深呼吸几次，将自己的情绪调整到平稳状态。

② 从头到脚扫描身体，回想最近让自己痛苦的事件，然后感受情绪在身体的哪个部分，越强烈越好。

③ 发挥你最大的想象力，想象一个小孩在你身边，关注那个小孩是什么状态、什么表情，和这个孩子进行互动，了解他为何痛苦。

④ 陪伴他，和他沟通。拥抱他，安抚他，告诉他：我看到你了，我感受到你了，不要害怕，不要痛苦，有什么尽管说，我陪伴着你，永远陪伴你，永远和你在一起，陪伴你一起长大，我爱你。

⑤ 呼吸，放松，内心平静后醒来。

（2）接纳与和解

心理学认为，一个人只有真正地得到过一种关系，才敢于分离。比如说，一个人得到了充分的父爱和母爱，才敢于把这份爱驻扎心里，勇敢地离开父母，去探索这个世界。但是，如果一个人已经长大了，跟父母也分开了，那该如何重新得到缺失的爱呢？对此，我们可以考虑跟父母和解（哪怕有些人的父母已经离世），在和解中看到爱的不同形式。

另外，一个好的爱人也可以帮助我们慢慢走出来，但前提一定是自己有觉知。爱人不是为了永远在那里呵护我们而存在的，而是为了让我们感受到爱，慢慢得到滋养后，变得独立而有安全感。此外，有条件的朋友也可以跟心理咨询师建立一种稳定而有"爱"的关系，而后慢慢分离。

（3）支持与滋养

在摆脱依附的过程中，每个人都需要一些力量来支持。这种支持可以是无形的，也可以是有形的。

比如说，我有一个来访者，我们在进行催眠练习时，我让她从站着的位置往前迈一步，以脱离对外婆的依附，可是她不管怎么用力也无法迈出这一步，好像双脚被粘住了一样，这是因为她内心充满着恐惧。

她害怕失去外婆给予的温暖和保护，也害怕外婆一个人孤独没有人陪伴，所以她深深地依附在外婆身边。

正是因为这样一个依附心理，她长大后就一直在寻找一个新的依附：老公。而在老公常年出差的时候，她的情感无法寄托，于是就依附在一个婚外恋对象那里。

后来，我让她在催眠状态下把支持自己的资源分别对应成力量、智慧和爱的守护天使——女儿、书和闺密。她这才勇敢地迈出了一步，开始试着长大，摆脱依附。

6

我记得，有关幸福婚姻的经营，有这么一个法则：婚姻从来就不是疗养院，而是健身房。然而，大多数的人都不愿意去健身房，哪怕是脑子一热办了张上千元的卡，一年也去不了几次；哪怕每天下班路过，也能成功找到理由绕过。

同样地，绝大多数女人的悲剧在于她们认为，嫁了人就功德圆满了，终身事业就完成了，婚姻是舒服的养老院。而绝大多数的男人是把婚姻当作新生活的起点，这也意味着，两个人的差距越来越大。

由此可见，健康的婚姻关系，应该是树与树的关系，彼此相依却各自有根；也应该是钻石跟钻石的关系，独立闪耀，只追求最大切面的接触；更应该是"1+1=3"的关系，彼此成就，创造真正的幸福。

最后，想给你送上一首纪伯伦的《寂寞的智慧》。或许，这才是我们真正应该追求的关系：

你们的结合，

要保留空隙，

让天堂的风在你们中间舞动。

彼此相爱，

但不要制造爱的枷锁，

在你们灵魂的两岸之间，

让爱成为涌动的海洋。

倒满彼此的酒杯，

但不要只从一个杯子啜饮；

分享你们的面包，

但不可只把同一块面包享用。

一起欢笑，载歌载舞，

但容许对方的独处，

就像琵琶的弦，

虽然在同一首音乐中颤动，

然而你是你，我是我，彼此独立。

交出你的心灵，

但不是由对方保管，

因为唯有生命之手，

才能容纳你的心灵。

站在一起，

却不可太过接近。

君不见，

寺庙的梁柱各自耸立，

橡树和松柏，

也不在彼此的阴影中成长。

重温或修正 :

为何你总会爱上同一种人?

1

前阵子,我在公号上写了篇文章 :《论最易出轨的星座》。主要盘点了各大星座的外遇指数,随后得罪了一大帮美男子,特别是排名前三的星座 : 天蝎座、双子座和天秤座。

一朋友读到后,拍手称快,说真是太准了。她的前男友就是双子座,老公也是榜上有名的天蝎座,都出轨了! 而且老公还是在其怀孕期间勾搭她的闺密的。

最无语的是,该朋友的爸爸也是双子座的,年轻时拈花惹草,闹得家里鸡犬不宁，一直到现在都不太检点。

不过，在听完她的故事后，我除了深表同情，并没有觉得星座有多神奇——说实话，星座只能帮我们在恋爱交友时做一个有限的辅助判断，趣味性远多于专业性。

其实，我真正在琢磨的是：为什么这位朋友总会遭遇同一类型的出轨男？莫非外遇这种事情，也会像感冒一样可以传染，而且还是隔代传染？如果不是星座在作祟，那到底是因为命，还是运，让我们总是在同一个地方犯错？

2

在畅销书《为何爱会伤人》中，作者提出了一个有趣的观点。他说之前在广州日报社做编辑时，有一回搜集了美国前总统克林顿过往几十个情人或女友的照片，还有部分他们之间的情话。然后他惊讶地发现，仅从相貌上，这些姑娘可分成两类：一类像希拉里，一类像莱温斯基。

希拉里大家都知道，前几年差点就成了美国历史上的首位女总统。她是克林顿的妻子，也是一个典型的女强人。至于莱温斯基，现在的"90后"可能不太清楚，她当年因为跟克林顿的桃色事件，也是热得发烫，享"誉"全球。作为白宫的实习生，她是一个美丽、单纯的姑娘，对自己的大老板克林顿可谓是无条件地崇拜和敬仰。有意思的是，对于以上这种看似偶然的情况，作者给出了一个必然的心理学解释：克林顿的妈妈就是一个女强人，小时候把他照顾得非常好，所以他一直渴望找希拉里这类的女人，为的是重温童年的美好。而他之所以会撩莱温斯基这样的女人，则是因为女强人虽好，但被控制久了，难免会有窒息感。这就是心理学上所谓的"吞没创伤"，所以他想摆脱束缚，做回自己，而表现在亲密关系上，往往就是"换个口味"。

也就是说，哪怕是身为总统的克林顿，都难以逃脱爱情的轮回——或者说，他也没有逃脱的必要。那试问作为普通人的我们，在追求幸福的路上，又受着多少潜意识的影响呢？

3

有这么一句话，想必你一定听过：性格决定命运。

对此，有些人存有疑惑，觉得命运多舛，绝非性格所能决定。但其实，这句俗语的背后，藏着很深的心理学原理：

我们很多时候，自认为是主动地去做一件事，爱一个人、出一回轨、成一个家……但其实，每个人百分之九十以上的行为都是被潜意识支配着，只是很少人能够发觉。而对我们潜意识影响最大的，正是我们最单纯最有爱，同时也是最脆弱的童年时光。而那些在童年时候——尤其是六岁之前所构建的内在关系，让我们形成了最初的性格，继而决定了我们的命运。

所以关于恋爱，心理学家武志红有这么一句名言，说："我们所追求的爱情，大抵可以总结成两句话：重温童年的美好，修正童年的错误。"由此可见，爱情往往是一个轮回，像克林顿那样，不断地摇摆在两种截然不同的异性间，即所谓的"克林顿钟摆"情结。除此之外，还有一种更为常见的恋爱模式，就是不厌其烦地寻找同一类异性。

4

在生活中，我们常常听到不少姑娘发出诸如这样的感叹：

他很好，但是我没感觉。
我要嫁给爱情，不想嫁给合适。
我相信一见钟情，不相信日久生情。
……

诚然，怦然心动和一见钟情都是世间最美好的事，每个人都希望与人一见钟情，并擦出爱情火花，随后长相厮守，白头偕老。但假如你不是对某一个人，而是对某一类型的人一见钟情，那这个"一见钟情"，就要打一个大大的问号了。盖因藏在钟情背后的，往往不是所谓的灵魂伴侣，不是彼此的天使，而是一份熟悉感。

所谓的熟悉感，指的是童年的憧憬被强烈地唤醒了，比如有恋父情结的姑娘，就容易对父亲型的男人一见钟情。当然，如果你恰好遇到的是一个好男人，这样的一见钟情也算是天作之合，值得守护和祝福。最可怕的是，如果童年时的爱是缺失或扭曲的，那我们对某些品行恶劣的男人，也会产生宿命般的感觉，而对其他的男子通通不来电——这样组合的结果，大家可以想象一下。

同样的道理，有些姑娘长得好看，心地善良，条件也不差，可为何总会迷上一些世俗意义上的坏男人？有些女人，明明知道老公有暴力倾向，可为何还是愿意跟他在一起？

背后的心理逻辑，很可能是因为从小她们就有一个有暴力倾向的父亲，家里经常鸡飞狗跳，而且在成长的过程中，她们又极度地缺乏父爱，害怕分离。于是她们迫切地想证明，自己可以修正童年的错误，虽然知道另一半的暴力倾向已经无药可救了，但她们总是怀着一个"单纯"的梦想或者幻想——我可以利用我的爱来改造他。所以说，在潜意识的面前，我们所谓的恋爱观，往往是那么不堪一击。

5

说到这儿，对于本文开头那位女子的遭遇，相信不少朋友已经能看出其中的端倪：

该女子的前男友和老公之所以频繁出轨，星座只是一个障眼法，最重要的还是她的爸爸。后者对她的恋爱观产生了极大的影响。老爸的不忠诚，让她对亲密关系有着深层次的不信任，也诱发了她想要修正童年错误的动力，继而促使她"总在同一个地方跌倒"。

当然，不管什么时候，更大的问题还是在于出轨的男性。只是作为受害者的女性同胞们，如果能早点觉知到背后的原因，知道真正适合自己的爱情是什么，就不会过早地陷入某些灾难性的关系中，耗费青春，伤痕累累，甚至可能一次又一次地重复，难破轮回，难觅幸福。

罗密欧与朱丽叶效应：

° ° °

为什么越被阻止的情侣越恩爱？

正所谓东方有梁祝，西方有罗朱，他们的故事有着类似之处——都是以悲剧收场，双双殉情。但跟梁山伯和祝英台不一样的是，罗密欧与朱丽叶之间的爱情带有更多的浪漫色彩，也更多地体现了西方的爱情观。

跟很多爱情悲剧不一样的是，罗密欧和朱丽叶在身份上并不悬殊。

他们分别属于意大利维罗纳城里的两大家族：蒙太古和凯普莱特，完全可以称得上门当户对。但遗憾的是，两家有世仇。为了在一起，他们不顾一切，甚至牺牲了生命。虽然一方面，这种为爱付出的精神和对抗权威的勇气值得我们学习；但另一方面，我们也应该客观地认识到，并不是所有的爱情都是所谓的命中注定的，值得我们不顾一切，如飞蛾扑火般去争取的。

在心理学上，有一种典型的现象，叫作"罗密欧与朱丽叶效应"。

具体指的是，在一段感情中，如果出现了阻挠恋爱的外在力量，比如父母的强势反对，那么恋爱双方的情感不但不会降低，还会变得更强烈，关系也会变得更牢固。

但往往不幸的是，这样的关系一旦斗争结束了，名正言顺了，甚至走进婚姻了，就可能以悲剧收场。

那么试问，到底是什么心理，让那些被棒打的鸳鸯关系更紧密呢？

从心理学的角度来看，当恋爱双方被强迫做出某种选择时，会产生强烈的心理抗拒，这种心态会促使他们做出相反的选择，甚至会增加对自己所选之人的爱意。

在生活中，我们也常常能看到这样的故事：

一对恋爱的小年轻，尽管遭到父母的竭力反对、亲友的百般阻挠，可他们非但不愿意分手，反而变得更亲密、更大胆，部分极端的甚至以断绝家庭关系或自杀来对抗。

由此可见，针对恋爱中可能出现的罗密欧与朱丽叶效应，一方面，对家长来说，要理性而有技巧地提建议，切勿把阻力变动力，造成相反的结果。

另一方面，也是最重要的，对恋人来讲，当有人在阻挠他们恋情的时候，千万不要错误地把某些不成熟的感情当作所谓的真爱，把自己给感动了，以致最后以悲剧收场，后悔终身。

意象对话疗法：

如何拯救一颗千疮百孔的心？

众所周知，爱情是我们出生以来能够主动建立的最亲密的关系。这也意味着，一旦关系破裂，对我们的伤害往往是极其长远的。而在感情里，一旦心碎了，则更可能如杨贵妃般"天长地久有时尽，此恨绵绵无绝期"。

比如说，你大学刚毕业，好不容易谈了三年的恋爱，憧憬着早日修成正果，可男朋友说散就散，而且还和你的闺密好上了，你顿时觉得天崩地裂，再也不相信爱情了，不相信男人了。

抑或是结婚多年，突然曝出老公出轨，在一阵吵闹之后，虽然男人是鸣金收兵，跟第三者一刀两断了，甚至还口口声声地发誓此生忠诚、再无外遇了，可你还是心结难解，无法原谅。每当夜深人静之时，脑海中就会自动浮现出他们卿卿我我的画面，然后又是一夜无眠，或是垂泪怒斥。

这都是因为受伤的我们害怕再次受伤，再一次被无情地抛弃。过分地保护自己，让我们不敢爱、不敢信、不敢用心动情，内心始终藏有一个阴影。而这个阴影，我们以为早已经随风而逝，但其实一直还存在着。更可恶的是，一个小阴影如果没有被正视，往往会导致更大的问题。所谓千里之堤，溃于蚁穴。

你可能听过"两只小猫"的寓言吧。

话说从前，有两只小猫，一只叫胖胖，一只叫甜甜，它们都非常讨厌自己的影子，做梦都想摆脱它。然而，胖胖和甜甜发现，无论走到哪里，只要有阳光，它们就会看到讨厌的影子。

在绞尽脑汁过后，它们终于找到了对付影子的办法。
胖胖的办法是，永远闭着眼睛。
甜甜的办法则是，永远待在其他东西的阴影里，比如大树下。
结果如你所知，它们再也看不到阳光了，永远活在了阴影中。
由此可见，那些压抑在心里面的死能量，会日夜蚕食我们的灵魂，让我们失去爱的勇气。

前不久我去广州的一家企业分享婚恋课时，有一个女学员当场哭诉道，她刚过完三十五岁的生日，回顾过往，恋爱屡屡失败，未来一片灰暗。我问她为什么，她说不知道，非常奇怪，一旦进入亲密关系她就会抓狂，就容易歇斯底里。男朋友都觉得她控制欲太强，情绪不太稳定，结果好几段恋爱都告终了。

起初，我们从原生家庭入手，并没有发现什么端倪。这位学员父母的婚姻基本和谐，从小到大，对她也算疼爱。此外，她性格开朗，交友甚广，更有着收入不错的工作。然而，这样一个看起来非常抢手的姑娘，之所以经常恋爱失败，其实是因为她曾谈过一场不堪回首的恋爱。

三年前，她交往六年的未婚夫，在没有任何征兆的前提下，突然在结婚前夕不告而别，而且还拿走了她四十万元——那是她毕业以来的所有积蓄。一直到很久之后，她才知道他是拿去还赌债了。

她非常痛苦，也特别愤怒，差点就自杀。也正是从那时起，她因为害怕再次受伤，选择关闭心门，不再信任男人。跟这位学员类似的情况有很多，她们并没有因为新的感情而渐渐打开自己的心，攻击、逃避和自我封闭，成了她们的保护色。

以这样的状态进入新的关系，必将会进入新的炼狱和轮回。解决的办法，就是把过去关系中积压的死能量慢慢排出，尽情宣泄，让受伤的心重新得到滋养，寻回支柱，继而恢复爱的活力。

对此，意象疗法是一种相对来说简单有效的方法。该疗法的创始人是国内著名的心理学专家朱建军。意象疗法的神奇之处在于，当潜意识里的消极意识被积极意象所替代，人在现实中的行为和信念也会随之发生改变。

接下来，给大家分享两种常见的意象对话疗法：

1. 内心房屋的打扫

一般来说，房子的意象能够象征一个人基本的心理状态。所以这种疗法主要帮助我们缓解负性情绪，同时修正潜意识里的消极意象。举个例子，有这么一个来访者，她被前男友抛弃后，心情非常抑郁，对什么事情都不感兴趣。带着这种情绪，她和一个好男人结了婚。但她每天都跟梦游似的，对生活没有热情，而且无法沟通。在她老公的心中，妻子就是一个没有心的女人，两个人的关系越来越差。

为了缓和这种情况，我们使用了意象对话疗法。

她想象出的房子一直很模糊，始终看不清楚（没有家的认同感），走进房子里却发现：到处都脏乱不堪，积满了灰尘；窗子灰蒙蒙的，看不清人影，玻璃也是碎的；沙发上积了一层厚厚的灰。其实，这些灰尘就是抑郁情绪的象征。

另外，她发现主卧更是被一条已经变黑的白被单盖住了，上面积满了尘埃——这意味着她跟老公可能很久没有过夫妻生活了。事实上，他们确实已经分房睡一年多了。

随后，我让她把房子打扫干净。从擦桌子、擦玻璃，到扫地、拖地，再到整理被单，把阳光放进来……每天给房子打扫一次，每次二十分钟。一个月之后，她的精神状况有了明显的好转，生活热情越来越浓，也慢慢地尝试跟老公恢复了亲密关系。

2."花与昆虫"法

这是另一种比较常见的疗法，主要是能够帮助人们重建信心，找回爱的能力。

朱建军老师曾接待过一个大龄男子。该男子在经历一场失败的恋爱后，不相信自己会爱上别人，也不相信别人会爱上自己。因为极度的自我厌恶，他开始放纵自己，到处拈花惹草。周围的女孩都觉得他人品有问题，不爱搭理他。

可以想象，这样的一个男子，无论追求谁，都难以成功。为了帮这个男子治愈受伤的心，找回爱的能力，朱老师跟他进行了一次"花与昆虫"的意象对话。

"想象你在一片草地上，草地里开了各种各样的花，还有不同品种的昆虫。如果你是一只昆虫，会是什么样的昆虫，会喜欢什么样的花？你和花之间，会发生什么故事？"

男子说："我是一只嗡嗡乱飞的苍蝇，浑身臭烘烘的。苍蝇没有特别喜欢的花，但是忍不住想接近这些花，拼命地往它们身边凑。可所有的花都讨厌苍蝇，不许苍蝇飞近。苍蝇一飞近，它们的花瓣就合上了。"

老师引导他体会一下苍蝇的心情，然后讲一个苍蝇的故事。

男子说："苍蝇被人厌恶是因为它太脏了。它太饿了，所以什么脏的、臭的都要吃。它不喜欢这样，但是它天生就是一只苍蝇，注定要被人厌恶。"

老师并没有要求他不做苍蝇，而是引导他在这个意象基础上做一些小的修改："你可不可以做一只有志气的苍蝇？哪怕很饿，也要尽量挑选着食物吃，少吃脏的、臭的东西。"

于是，围绕这个小要求，男生在之后的意象对话中，开始努力做一只有志气的苍蝇。在想象中，他觉得自己很饿，有时候都快饿晕过去了，但坚持让自己少吃脏东西。渐渐地，他变成了一只饮食习惯更好的苍蝇。

与此同时，有些花也开始慢慢地接受他了。最后，他竟然变成了一只澳大利亚苍蝇——虽然还是苍蝇，但是它能够采蜜，不再逐臭而居。而且，他还对一朵向日葵产生了好感。在完成了意象转变后，男子在现实生活中也发生了巨大的变化，变得有志气了。他开始努力工作，积极生活，而且不再骚扰异性。

最后，他还成功追到了一个阳光健康的女孩，后者像向日葵一般生机勃勃。他那颗受伤多年的心，也终于被慢慢治愈了。

需要特别补充的一点是，在这个练习中，常见的昆虫有蜜蜂、苍蝇、蝴蝶、蟑螂、蟋蟀、金蝉、蜘蛛，而常见的花有向日葵、玫瑰、水仙花、百合、夜来香、牡丹、菊花等。大家可以以此为参考，也可以充分发挥自己的想象力——你就算把自己想象成蚁人也行。

当然，除了以上两种方法，我们的意象还可以更加天马行空。比如说有一个被妻子背叛的男人，构想出自己的心被掏了出来，然后对方在他的心上踩了一脚，心变成了黑色的，然后慢慢长大，最后长成了一个浑身穿着盔甲的武士。武士手拿大刀，面目狰狞，跟魔鬼似的。

有意思的是，这个男人的老婆后来也尝试了意象对话，结果发现，她大学时也曾被别人伤害过，心里一直有一个洞，没有治愈，积压至今，并且扭曲成了报复心理——这也正是她做出伤害老公行为的原因。结果如你所料，任何的报复都是饮鸩止渴，以致中毒过深，害人害己。

记得，在韩剧《我叫金三顺》里有这么一句台词：

"去恋爱吧，就像不曾受过伤害一样。"

这话听起来似乎很有道理，但我相信，并没有多少人能轻易地忘记曾受过的伤——这也不符合人类的天性。所以我们真正要做的，不是忘却伤害，而是对伤疤止血，包扎好，看着它结痂、愈合，然后带着它重新上路。

要知道，在追求幸福的路上，正如我们的身体不可能像婴儿一样没有伤口，我们也不应该奢望一段没有任何伤害的完美爱情。

最后，我还想补充的一点是，意象疗法虽然可以帮助我们稳定情绪，治愈过去的伤，乃至重建内心对爱情的信心，但它既然被称为疗法，就意味着绝不是只靠几次简单的练习就行的。

它是一个不断成长的过程，直到你内心的死能量被释放，真正地懂得在爱和自由之间，在依恋和独立之间找平衡，才能真正地痊愈。要知道，任何奢望通过一两次意象练习就可以痊愈的朋友，跟那些认为少吃一两顿饭就可以减肥的姑娘一样，无非是痴人说梦。

玫瑰和蜜蜂：

如何走出隧洞思维，接纳一段失败的爱情？

1

从前，有一只蜜蜂去采蜜。它飞啊飞啊，飞到了花丛中，然后一眼就看到了一朵娇艳欲滴的玫瑰。伴着扑鼻的花香，它展翅飞了过去，果不其然，玫瑰很甜、很鲜，它欢快地采啊采，心想这是世间最美好的鲜花，自己是世间最幸福的蜜蜂。

可不久后，玫瑰花枯萎了，没有蜜了，只剩下毒汁。然而，蜜蜂还是拼命地吸，虽然它也觉察到了不对劲，可就是不松口。

一开始，它以为是自己哪里做错了，于是换了好几种方式吸，可结果还是一样。它不明就里，心生怨恨，一边抹眼泪，一边责怪玫瑰。

终于有一天，下了一场雨，蜜蜂的翅膀沾满了水，它拼命甩干翅膀，也随之飞高了一些。就在这时，它突然发现，在那枯萎的玫瑰周围，处处都是鲜花。

2

以上是心理学家武志红写的一则心理寓言，这其中隐含了什么样的寓意呢?

我相信，但凡失恋过的朋友都能够猜到。面对一个离开的恋人、一段破碎的恋情，我们往往难以释怀，长期地陷在悲伤的情绪中。当爱人远去，花开两半，各自天涯，再也没有甜蜜了，我们还是不愿放手。殊不知，爱情跟工作不一样，并不是努力付出、拼命奋进，就一定会有收获。有时念念不忘，也未必会有回响。

可有的朋友就是以"山无棱，天地合，才敢与君绝"为座右铭，痴痴地在原地等，直至把自己感动，也无济于事。要是有亲友好心劝这个人，他还会说，道理我都懂，寓意我都晓得，可就是放不下，一如寓言中那只拼命吸着毒汁的蜜蜂。

我有一个大学同学，相貌不错，不知道是鬼迷心窍还是恋父情结作祟，大一的时候，她迷恋上了生物老师。两个人暧昧了一阵子，但始终没走到一起。可她不死心，不肯放手，各种纠缠。所幸这个男老师守住了底线，没被她诱惑。

然而，在大学最好的时光，她几乎都在围绕着这个男人转，"你快乐所以我快乐"，"你若不理，便是雨天"，以致错过了一些风华正茂的好男子。

毕业后，她还是一如既往地深情——当然我们也可以说是纠缠，结果老师一通电话打到她爸爸那里，让她别再骚扰他了，再骚扰他的话他就报警了。可直到上个月，她还跟我说，国庆的时候要去看那老师，看他会不会回心转意，差点没把她爸气死。

3

从心理学的角度来看，这份偏执的放不下，并不是正常的男女之情，更不是所谓的真爱，而是一种深深的迷恋和自恋。一个人越迷恋他人，就越看不见他人的真实存在。他爱上的也不是对方，而是他内心的一种投射，而且投射的往往是"理想的对象"。通俗点说，对方只是他眼中的镜中花、水中月而已。

值得一提的是，像这种如此忘情迷恋的人，往往在得到对方后，很容易大失所望，把对方抛诸脑后。因为当他看到了爱人的真实面目后，就会放下虚幻，也随之放下了当初的那份迷恋。

遥想当年，徐志摩对林徽因是一片痴情。"一生至少该有一次，为了某个人而忘了自己，不求有结果，不求同行，不求曾经拥有，甚至不求你爱我，只求在我最美的年华里，遇到你。"为了林徽因，徐大才子硬是抛弃了他一直觉得很土的张幼仪和儿子。

所幸的是，林徽因在面对比她大七岁的徐志摩时，虽然欣赏其才华，两人也产生过情愫，但她毕竟是个高情商女子，所以深知徐志摩的爱过于美好，过于虚幻，与他谈谈情还可以，真要过柴米油盐的日子，未必有好结果。

多年以后，林徽因也曾对自己的儿女说："徐志摩当初爱的并不是真正的我，而是他用诗人的浪漫情绪想象出来的林徽因，事实上我并不是那样的人。"

这让我想到了大学时的一个同学，他深深地爱上了一个漂亮的女孩，无比地迷恋，后来费了偌大的心思，用了一年多的时间，终于把女孩追到手，可万万没想到的是，他们却在同居不到两个礼拜后就分手了。

我们问他，你分手的原因是什么？他说，女朋友上洗手间的时候声音太大了，而且也很臭，他实在忍受不了。

由此可见，男同学当初如此迷恋那个女生，并不是爱真实的她，而是爱上了一个虚幻的投影。

4

其实，有些人之所以面对失败的爱情不愿松手，除了迷恋和自恋，还有一个重要的原因，就是在潜意识中觉得眼下的爱情就是生命的全部，心中的爱人就是整个世界。正因如此，有些人会产生鱼死网破的念头，做出类似于分手后给对方泼硫酸的恶行。

那为什么会有这样极端的心理呢？

究其原因，往往要追溯到原生家庭。须知道，亲密关系往往是生命早期母婴关系的复制。

小时候，每个人都渴望得到父母的爱。我们最害怕的事情，就是被父母否定，因为这意味着生活和生存质量恶化。但有些父母却因为各种原因，没有给孩子足够的爱，比如离婚，或是外出打工不顾家，或是本身就不懂爱孩子，甚至会觉得孩子是负担等。在这种环境中长大的孩子，很容易就变成寓言中那只松不开嘴的蜜蜂，因为在心理层面上，他们觉得松口意味着"死亡"。

很显然，这是一种错误的认知。小时候，我们面对父母的各种不合理对待，哪怕内心有多么不认可，也只能接受——因为害怕被抛弃。但我们终究还是长大了，有了全新的翅膀，也有力量去选择自己的命运，不需要再按照儿时的心理模式行事，也不必再陷入"隧洞思维"。

所谓的隧洞思维，指的是一个人在隧洞中开车，目光只聚集在前方洞口那个亮光上，而自动屏蔽了其他任何信息。

很显然，这是偏执的一种表现。面对感情，他只能接受一种可能，即便事实上不可能，也不肯放弃，认为只有眼前一条路，林中只有一棵树。

更可怕的是，很多人会把这种思维美化成凄美绝伦的爱情，飞蛾扑火，至死方休。有些影片中就是这么表达的。

总的来说，一个人面对失败的感情时，可以难过，可以痛哭，可以偶尔放纵一下……在此之后，我们只需要鼓起勇气，像寓言中的那只蜜蜂一样，振动着翅膀飞高一些，就可以告别枯萎的玫瑰，重新遇到甜蜜的花朵，收获真正属于自己的幸福。

一手好牌的你，

为何总遇不到对的人？

　　据统计，截至 2020 年，全世界有七十八亿左右的人口。而我们每个人的一生，大概会遇到其中的两千九百二十万人，其中有些人成了我们的朋友，变成了我们的亲人，甚至是挚爱，但有的人却成了前任，沦为最熟悉的陌生人⋯⋯

　　为什么我们总是遇不到那个对的人？

　　是因为我们条件不好、筹码不够，还是运气太背？

　　事实上，很多条件不错的女人，比如说明星、高级管理人员或主播等，都可能在不经意间成为"坏男人吸尘器"，一次又一次地让自己伤痕累累，受尽煎熬，甚至留下阴影，不敢再爱。

比如说某明星，其坏男人吸引体质在圈内可是赫赫有名。从"家暴男"，到"隐瞒婚史男"，再到"脚踩多条船的男人"……她几乎集齐了各色坏男人，受尽伤害，让人心生怜悯，扼腕叹息。

同样地，"民国女神"周旋的情路也是异常坎坷，不管婚前还是婚后，从上海到香港，她一再结识坏男人，最后得了精神病，三十七岁就不幸离世。此外，像当代某歌手也是"坏男人收割机"的典型代表。作为新生代的偶像，她甜美清纯的气质一直深入人心。然而，她的每一段恋情都让她伤痕累累，难成正果。我们还发现，其前任们都有着以下特征：

1. 帅帅的，外表阳光。
2. 会玩，懂浪漫，会甜言蜜语。
3. 有个性，无拘无束，不太守规矩。
4. 思想简单，没约束，轻松就好。

正是以上的择偶标准，让她每次恋爱都会被类似的男生所吸引，不能自拔。秉承爱情第一的她，感觉只要跟对方在一起，别的都不重要，结果一次次地陷入轮回。

如上所述，"坏男人吸尘器"们的条件其实都不错，理应比常人更容易幸福，但恰恰对她们来说，真爱是如此地遥不可及。

究其原因，是因为她们身上往往存在着以下一些特征：

1. 过于看重情绪价值

坏男人因为阅女无数，经验丰富，所以很容易搞定一个姑娘。他能哄你开心，让你情绪愉悦，让你的心跳曲线起伏很大，这是产生爱情因子的关键。这也意味着，如果一个女人太重视一个男人能不能让自己开心，那她遇到坏男人的概率就非常高。

要知道，一个靠谱、正常的好男人，往往有很多的正经事要做，而且在最开始的时候，他们是没有办法轻易让女人开心的，他需要慢慢地了解你，跟你磨合。

2. 把性欲驱动的情感当作真爱

坏男人最容易给人一种你是他的真爱的感觉，特别是在情绪恋爱的阶段。有这么一个来访者，她在拼车上班的时候认识了一个男人，两人在车上聊得很开心，然后就交换了联系方式。后来，这个男人就对她穷追猛打，每天接送她上下班，各种浪漫套路，送花、送酒、送口红，承诺愿意为她付出一切，要和她永远在一起。

很快，女孩就被感动了，跟男人在一起了。可好景不长，三个月不到，男人就冷淡了下来，并且在持续冷了一个月后提出了分手。

女孩非常痛苦，声泪俱下地质问："他当初追我的时候我觉得他是真的爱我啊，怎么现在说分手就分手呢？"

其实，很多姑娘和这个来访者一样，以为男人对你甜言蜜语就是真爱了，可事实上这不过是情绪恋爱而已。

所谓的情绪恋爱，就是由情绪和欲望所支配的恋爱阶段，跟理性恋爱相对应，其特性就是会迅速地升温，也会快速地消退。

在生理学上，情绪是一种神经递质的分泌，由大脑开始，然后被所有的神经源感知到，并且很快就被吸收掉，所以情绪来得快去得也快。一般来说，坏男人在情绪恋爱阶段都会用尽各种办法征服女孩，可一旦他的情欲得到了满足，便进入理性恋爱阶段，对女人的爱就会迅速消退。

3. 把浪漫当作爱情最主要的部分

有些女人不看重钱，也不看重颜值，甚至不看重人品，只看重浪漫。但如你所知，坏男人是最会搞浪漫的。他们把追姑娘当作学问来研究，所以制造浪漫他们是一流的。

坏男人很爱给你承诺，而且盲目地喜欢你的一切，愿意为你付出一切。你是唯一，你就是全世界。然而，一个正常人不可能一开始就喜欢你的一切，也不可能为你付出一切。心理学家武志红曾说，在恋爱时爱得越忘我，在真正相处时就越容易忘你。因为这种恋爱模式的人，要么是病态的，要么就是个骗子。

4. 永远喜欢那种积极主动的男人

不可否认，很多姑娘就是喜欢"只是勾勾手指，男人就主动上门"的感觉，男人越是拼命追，她越是享受。可事实上，百分之七十以上积极主动的男人都是周旋在多个姑娘之间的。因为他们追得多了，也就熟能生巧了。

有一种男人，冷了他给你加衣，热了他给你减衣，来例假了他给你煮红糖水，时时刻刻发微信或者打电话问候你，有事没事地约你出去……你觉得这样的男人简直是世界上最好的男人。可其实呢，这些都是他在别的女人身上重复练习得来的，而且多半还会继续用在其他女人身上。

相反，有些男人可能没有太多的技巧，很难把握女孩的心理，不太懂如何积极主动地去撩你。但事实上恰恰是这群人，才是靠谱概率更大的男人，结婚后能够成为内心有担当、外在有力量的好老公。

5. 总把才华和帅气当饭吃

看到别人的才华和帅气就走不动道，就想跟他走到天荒地老，想给他生宝宝。要知道，那些有才华又帅气的男人，身边永远不缺女人，在还没有真正定性前，他们都是不断地追寻女性，或者总觉得下一个女人更好。试问，你真的认为自己能把这样的男人留住吗？

我有一个好友，二十多岁的时候迷上了一个四十多岁，琴艺卓绝的小提琴手。可当她不小心怀孕后，男人就跑路了。后来，她一个人把孩子生了下来，直到十年后的现在，孩子的爸都没有看过孩子一次。

以上，就是"坏男人吸尘器"的五大特质。有些姑娘可能只具备一两个，有些则是五个全中，这也是为何她们一再陷入痛苦中，不断轮回。她们在一次次受到伤害后，不但没有反思，没有调整择偶标准，反而一味地怪自己运气不佳，命不好，总是遇不到好男人。

说到这儿，可能有一些朋友想知道，到底如何才能避免成为所谓的"坏男人吸尘器"，避免将一手好牌打烂。以下的五点，相信可以给你一些启发。

1. 浪漫很重要，但责任更重要

缺乏主见、小鸟依人的类型，最好找一个"内心有责任，外在敢担当"的男人，这种人虽然没那么浪漫，但值得依靠。爱玩挺好，浪漫也没错，但是生活不只是玩，还有很多的风雨、苦痛和挫折，真正为你考虑的人，才值得你托付终身。

2. 妥协很重要，但原则更重要

内心要树立正确的是非原则的底线，守住我们的边界，否则，我们的妥协、忍让、善良、迎合，只会教会坏男人们得寸进尺。

3. 恋人很重要，但朋友也很重要

扩大朋友圈，拓宽生活圈。单身的朋友谈恋爱，要多让朋友把把关，而不是把对方藏在自己的世界里，保护起来，不要像前面提到的女歌手一样，她就不喜欢把男朋友介绍给身边的朋友，说是怕被别人抢走了，结果反而更糟。

4. 有才华、帅气、有钱重要，忠贞不二、有责任心更重要

靠谱男人的三个基本属性——责任、忠贞、长情。这些是 1000000 前面的 1。而像浪漫、阳光、才华、帅气等品质都是 1000000 后面的 0。只有前面的 1 存在，后面的 0 才有真正的价值。

5. 情绪恋爱很重要，理性恋爱更重要

一个人在情绪恋爱的时候，可能会把你当作唯一，把你捧成天下最好的女人。但更重要的是理性恋爱，在最初的激情退去之后，在相对平静的磨合期，他对你如何才是最重要的。

以上，就是远离"坏男人吸尘器"的五个小原则，相信可以帮助你在真正坠入爱河前，做一个很好的参考。

世界这么大，余生这么长，愿我们都可以擦亮双眼，避免"上错花轿嫁错郎"，一手好牌给打烂，重复陷入虐爱的深渊，错过真正能给我们幸福的人。

修订心灵地图：

你拼命追逐的爱情，可能只是一份人性的完整

1

一个三十多岁的女老板，离婚三年多，带有一个四岁的男孩。

半年前，她交往了一个小她六岁的男朋友。这个男的向来不务正业，游手好闲。女老板每月给浪子五千元零花钱，另外还给他买了一辆车，方便他谋生计。

结果，小男友非但没找个正经的活儿，还经常勾搭其他姑娘，对女老板不但不关爱，脾气上来时还会拿她练手，甚至当着她儿子的面打她……这个男的还会讽刺和打击她的儿子，经常把孩子弄哭。

如你所见，这是一个十足的坏男人，甚至可以说是大恶人——从心理学的角度来看，这个男的小时候可能受过来自母亲的创伤，所以对妈妈型的恋人有极大的敌意。

亲戚朋友都劝女老板离开这个男的，说"你就算不为了自己，也为孩子考虑一下啊"。

可她就是不肯放手，不甘心放手，并且还口口声声地说，她爱这个男人，特别爱，他只是还没有长大，他总有一天会变好的。这样的男人真的会长大吗？这样的恋情，真的是一种正常的男女之情吗？

2

有意思的是，经过咨询后我们发现，这个来访者有这么一个特点：

她只爱跟比她年龄小的人打交道。

在她的微信和手机联系人里，有上千个好友，除了几个不常联系的年长亲戚，其他几乎全部是比她小的人。她之前交往过的几个男朋友，包括她的前夫也都是比她小好几岁的。

问题是，她作为一个老板，原则上应该接触各种年龄段的人，才能把生意做大做强。可事实上，每次遇到比她大的人，她都说聊不来，觉得别扭，更别说做生意交朋友了——如果非要接触的话，就让公司的其他员工接触。

很显然，她有一种典型的姐弟恋情结。

3

究其根源，是因为小时候，她的父母重男轻女，她不但一直遭受父母的嫌弃，而且亲哥哥也欺负她。从小到大，她就在被忽视中长大，得不到爱，异常孤独。直到后来，小她四岁的堂弟出生了，长大了，并成为她的跟屁虫，陪她去玩，跟她上学，甚至还会保护她。

她开始觉得这个世界越来越温暖，越来越有希望，而堂弟就是那根唯一给她带来爱的稻草。然而，命运却是如此地无情，在她上高中的时候，堂弟生了一场大病，不幸逝世，她的生活再次陷入了无尽的黑暗和孤独中。

也正因如此，长大后的她总会莫名其妙地对小男生有好感，但是，对年长的人则会潜意识地产生抵触心理。可以想象，这极大地影响了她的恋爱观。

这些年来，她表面上是在追求所谓的幸福，实际上不过是想重温小时候的感觉，特别是遇到跟堂弟有类似气质的人，不管对方有多不好，她就是无法放手。

另外，一直以来被亲友忽视的她，现在很享受亲友的密集关爱，有一种作为家族中心的感觉。所以她在潜意识里担心，一旦跟坏男人分手了，大家又会开始忽视她。

4

有这么一个故事，说每个人原来都是天使，后来掉入凡间，成了人。每个人都只有一个翅膀，要想重新飞起来，变成天使，就必须找到另一半。

所以，我们终其一生，就是为了找到那个人，做"彼此的折翼天使"，相互拥抱，展翅飞翔。

这看起来只是一个很浪漫的说法，却藏着很深的心理学原理。我们在潜意识里都在寻找另一半，为的是内心的完整，为的是彼此拥抱去飞翔。其实，如果我们找到对的人，确实能够飞起来，重新变成天使。但如果我们遇到了错的人，哪怕是暂时飞了起来，也可能摔得更惨，甚至掉入万丈深渊。早知如此，还不如当初一个人在人间晃悠呢。

5

有一次，我在广州一家企业讲课，其中一个学员说，她认识男朋友几个月就闪婚了，男人比她大十几岁。现在她发现，男人非常自私，脾气恶劣，特别大男子主义。

我问她，当初为何要闪婚？是恨嫁还是其他的原因？她想了想后说："为了爱情，一看到他就认定了，就是所谓的一见钟情。说实话，当时真的感觉到了契合。"

结果，如你所料，她以为她追求的是爱情，是幸福，是双宿双飞和白头偕老，其实她追求的不过是完整，而且这份完整是病态的。小时候缺父爱的她，原本想要的是一个成熟稳重的老公，结果这个男人除了年龄上满足了她的恋父情结，内在的性格上更像是她妈妈。

她说，老公在碎碎念和大声怒骂时，恍惚间她会觉得对方就是她妈妈。而她之所以要追求妈妈这样的人，是因为童年时，妈妈非常苛刻和尖酸，在父亲抛家弃子后，还经常打骂她。小时候的她无力反抗，长大后的她想有机会再来一次，重新找一个妈妈这样的人，获得曾经缺失的爱。

这也是她为何会在相亲时，觉得对方与自己很契合的原因，"年龄上满足她的恋父情结，性格上又像妈妈"——正如心理学家武志红所说，一个人追求人性完整的动力，远远要超过他追求幸福快乐的动力。

6

众所周知，一个人渴了，就想喝水；饿了，就想吃饭。当一个人渴了，喝不到水的时候，他会到处找水喝，喝完了还会继续喝，直到喝不下了，还会想办法存起来。感情也是如此，小时候渴了，喝不到水，长大后有能力了，就会疯狂地补水。

小时候喜欢的口味，大了也拼命想找。

《少有人走的路》的作者 M. 斯科特·派克曾说，每个人小时候都有一份心灵地图，帮助我们尽可能地健康成长，防御伤害。但长大之后，我们的心灵地图一定要及时地修订，否则就容易出问题。就像刻舟求剑一样，如果我们一直在原来的地方找那把丢失的剑，结果终其一生也找不到幸福。

总的来说，好的童年，追求的幸福和完整往往是统一的。而坏的童年，追求的幸福和完整往往是对立的。所以，小时候拥有爱的人，长大后更容易幸福；而小时候缺爱的人，长大后更容易因为追求完整而错失幸福，甚至遭受痛苦。

试问，有多少痴男怨女打着寻找真爱的名义，在错误的道路上越走越远，越坚持越不甘心，越痛苦越不放手？直到青春耗尽，蓦然回首，才发现，原来曾错过多少可以让自己幸福的人。

【恋爱之问答】

来访者一：恋爱危险期

老师，恋爱危险期怎么度过？我恋爱总过不了三个月，大多情况下两个月就分手了。之前，我认识了一个 1979 年出生的离异带孩子的男人。刚开始他对我很好，每天都找我吃饭，现在快两个月了，因为一些事我留下了阴影。此前他没有处理好前任的事，那个女的还在联系他，被我发现了两次，他说那个女的不甘心。后来我总是觉得他不在意我，就会以不接电话为理由跟他闹情绪，他很无奈，对我就越来越冷淡。

回答：

你说你的恋爱总过不了三个月，而且一般是两个月。从概率上来看，一个人不可能总是遇到坏男人，所以我们可以基本假设，你可能在恋爱能力上有所欠缺，依恋模式需要调整。

从描述中可以看到，在依恋模式上，你偏向于"焦虑型依恋"类型，一旦进入亲密关系后，你就会变得焦虑，渴望去证明对方的爱，也经常用一些冷淡甚至分手的方式来测试对方的底线。你常常会这样想，如果对方不能满足我的情绪，就不是真的爱我，长此以往，男人会觉得这样的女人特别烦人，难以取悦，继而选择逃避，结束关系，或是从其他女人身上寻找安慰。

导致"焦虑型依恋"的原因有很多，最常见的一个是小时候缺乏爱，对于父母给的爱总是患得患失，所以会极度缺乏安全感。

另外，"焦虑型依恋"类型的女人，最容易犯的错误就是以性来换取爱。她们可能在交往没多久就因为害怕对方离开，害怕对方以为自己不够爱而与其发生性关系。所以说，她们在恋爱中比较难成功，"越是缺爱，越不容易得到爱"。

总的来说，我们需要对自己的"焦虑型依恋"有所察觉，同时提升自己的恋爱能力，带着自己的心灵慢慢走出去。

【恋爱之问答】

来访者二：多疑

我们是同学，恋爱一年，结婚两年，有一儿一女，老二现在五个月大，生了老二后我就没上班了。我觉得我好像特别多疑，每天晚上都睡不着，就各种猜想，想着老公出轨了，这会儿在干吗？后来我老公确实没有从前那样关心我了，很少和我聊天、视频，我问他，他总说自己很忙，而且说自己不喜欢一直聊天！我特别爱他，我觉得他不爱我了。请问沈老师，我应该怎么办？

回答：

嗯，类似的情况，在当下的婚姻里是越来越常见了。然而，婚姻中过多的猜疑和不信任，只会把感情消耗殆尽，把本来没出轨的老公给逼出轨，直至把一段好的姻缘给彻底毁了。

从你们的恋爱史中可以看到，你们当初是自由恋爱的，有一定的感情基础。现在婚龄也不长，理应还在比较幸福的阶段。但你内心的多疑和不安全感，却妨碍了幸福。

首先，作为一个家庭主妇，你可能正活在只有一个中心的一元关系状态中，感觉老公是唯一的中心，这个中心一旦出轨，就没有了支柱，也就容易崩塌。所以，如果可以的话，我们接下来看看能不能重新走向社会，哪怕不去工作，也要有一份可以全身心投入的爱好。

其次，无故猜疑还有一个原因是来自原生家庭。不知道你的原生家庭怎么样，爸妈的婚姻幸福吗？有没有类似的情况？如果有，那就是一种强迫性的重复了。我们需要通过一些往内走的心理练习，去找回安全感，去治愈过往的创伤，必要的时候，需要咨询师介入，你才能慢慢走出这个重复的怪圈。

最后，就目前来看，他不关心你，甚至有些回避，很大程度是因为你给了他太大的压力，可即便如此，他还不至于不爱你，只要你暂时给他空间，同时找到其他的支柱，减少对他的过度依赖，相信他会慢慢回来的。

【恋爱之问答】

。。。

来访者三：无性

您好，我和我未婚夫相差七岁。我们恋爱五年，上个月刚刚订婚。因为原来没有住一起便没有察觉，现在住一起，他每天晚上居然都无动于衷，我们十个月没有性生活，去医院检查，是阳痿。我应该陪他治疗还是放弃？我们感情深厚，但因为他的无欲无求，令我变得很迷惘。

回答：

心理学家索伦曾说："无法做自己是一切绝望的根源。"在婚姻里，每个人内在的自己都希望拥有一个幸福和谐的家庭，因为性是人类的本能，而且这还涉及生儿育女和父母压力等现实问题。所以说，有关性方面的问题，我们绝对不能够忽视，特别是你还年轻，而且又没有结婚，哪怕恋爱了五年，感情再怎么深厚，也很难抵过后面的柴米油盐和似水流年。

弗洛伊德有一个著名的精神分析理论，它把一个人分为"本我""自我"和"超我"。"超我"就是所谓的道德层面，"本我"则是一个人的本能，奉行享乐原则。你的"超我"告诉你要陪他，陪他继续治疗，共同战斗。但你的"本我"却在明确地告诉你，这样是不对的，是不现实的选择。要知道，一个人如果让"本我"跟"超我"过度撕裂，"自我"作为协调者的作用则是非常有限的，后面很可能会导致极大的痛苦，甚至会造成一定程度的分裂。

所以，我建议你，千万不要盲目地进入婚姻。但你可以继续陪他治疗，然后再给自己一段时间，比如说一到两年。如果到时还没转机，甚至病情更加严重，再慎重考虑。

不管怎么选择，每个人都有追求幸福的权利，我相信他最终也会理解你的。退一万步来说，如果我是你的男朋友，我要是真的爱你的话，一定不会拖累你，会主动考虑放弃。也就是说，你的男朋友也并不是那么爱你，所以你更应该为自己做这个足以影响你一辈子的决定。

来访者四：过度付出

　　为什么我这么用心对他，自己有钱不舍得花也要给他买东西，感冒了还给他做饭，可是他却越来越冷淡，离我越来越远，他真的没有良心吗?! 天下的男人都是这样吗？ 我都不知道以后怎么恋爱了。

　　回答：

　　能够理解你现在的痛苦和绝望。在生活工作中，我们常以为，要一个人对自己好，就该先对他好。

　　但是，更好的办法是，你想让一个人对你好，就请他帮你一个忙——特别是对男人来说，尤其在亲密关系中，女人要懂得引导对方付出，哪怕对方再怎么一贫如洗。女人要学会钓鱼，而不是抓鱼。

为什么会这样呢？

因为我们每个人都很自恋，自恋是人类的本能。多数时候，我们看起来好像是爱着某个人，但其实爱的是自己在这个人身上的付出。如果在一段关系中，你付出了，那么你就会很在乎这段关系。

这是一切关系中都存在的秘密，在亲密关系中尤其如此。

那些阻挡 爱 的障碍
。。。
stop the love

CHAPTER 3
不配 爱

我们的一生，
不是说服别人爱自己的一生，
而是说服自己爱自己。

中国式婚姻的三大刽子手：

"巨婴""幼童"和"圣母"

1

先来看一个离婚案：

2013 年，某著名女主持人跟爱人喜结连理，随后三年抱俩，看似其乐融融，幸福美满，可没想到却是一场噩梦。

作为一个公众人物，女主持人对外貌自然非常在意。可产后身材的走样，睡眠严重的缺乏，加上经济压力巨大，女主持人一方面要做家里的"提款机"，另一方面还要照顾好三个孩子（其中一个是老公与前妻的），可想而知，她会有多煎熬。

而她老公每天光打游戏不带孩子，常年赋闲在家，不去赚奶粉钱——"躲进小楼成一统，管它春夏与秋冬"。更过分的是，他还经常像个怨妇一样，抱怨老婆脾气差、乱花钱，性生活不和谐……

再来看这么一个案例：

月月是我的一个来访者，三十二岁，广州人。刚跟老公结婚的前几年，她非常自我，控制欲强，要求老公一定得听话，否则就闹，就歇斯底里，甚至会提离婚——用她的话来说，结婚五年至少叫嚣过五十次离婚。

每一次，老公都要费尽心思去哄她。后来老公实在受不了了，便找了个外地的工作，常年不回家。结果，独守空房的月月更加不乐意了，闹得更凶了，直到老公崩溃了，主动提出离婚，而且还愿意净身出户。这时候，月月不乐意了，宁愿抱着孩子自杀也不愿意离婚。然而，积恨多年，破镜难圆，一切都已经晚了。

最后，我们再看一部电影：《被嫌弃的松子的一生》。

电影中，从小缺少父爱的松子美丽又敏感，内心极度渴望被爱。小时候有一次，松子无意露出的鬼脸，换来了父亲难得的微笑——从那时起，她就养成了一个习惯，今后不管什么时候拍照，都会条件反射地做鬼脸。

长大后，松子因包庇犯盗窃罪的学生，惨遭学校开除。

而后，她与立志成为作家的男朋友同居，可男朋友卧轨自杀。她做了男朋友竞争者的情妇，发现被利用后便自暴自弃。

再后来她遇人不淑，不仅被骗还错杀了对方，走上逃亡之路，又很快被抓，经历八年牢狱。

最后松子一人寡居到五十三岁，变成一个住在垃圾屋里的又肥又脏的老太婆，死于小混混的乱棍之下。

松子的一生，可以说是充满着悲剧和痛苦。然而，她那不幸的剧本似乎早就写好了，不管她如何挣扎，始终没办法逃开。

2

其实，以上的三个故事，分别代表了三种不同的人格特征："巨婴""幼童"和"圣母"。

女主持人的老公是典型的"巨婴"，十分自恋，追求共生而且有一定的偏执分裂。遇此"巨婴"，别说是养尊处优的女主持人，哪怕是任何一个有着中国传统的吃苦耐劳美德的女性都难以承受。正如心理学家瑞敏所说："产后抑郁和'巨婴'，完全可以摧毁任何一个女性。"

月月则是典型的"幼童"，喜欢索爱，测试底线，却没有独自生存的勇气和能力，内心空虚，如同树藤，渴望依附。

至于松子，则喜欢付出，特别喜欢讨好，先人后己，不敢表达需求，没有界限。

目前这三类人，可以说是中国式婚姻的三大刽子手。任何的亲密关系，只要摊上了其中一类，都很难有幸福可言。

当然，她们也是原生家庭的受害者，很多时候也是痛苦地活在轮回中，缺乏觉知而深受煎熬，无奈重复而难以打破。接下来，我们就请出这三位主角。

3

"巨婴"我要一个永远不会断奶的乳房！

顾名思义，"巨婴"虽然在生理上已经成年了，但心理上还是婴儿，其特点就是做事缺乏主见，秉承我弱我有理的精神，心安理得地享受别人（妈妈或伴侣）的照顾。病情严重的"巨婴"，甚至会出现偏执分裂，一旦别人没有按他们的意愿做，就会突然情绪失控，做出极端的行为。

其实，一个人是否是"巨婴"，跟年龄没有关系，中国的很多父母，哪怕已经四五十岁了，还是"巨婴"心理。

值得一提的是，随着中国离婚率的上涨，很多单亲母亲都在不经意间变成了"巨婴"妈妈，她们特别害怕跟自己的孩子分离。

美国心理学家大卫·埃尔坎特曾说："无论一个人的生活环境如何，做父母的需要给孩子两样东西：根和翅膀。"具体来说，"根"指的是无条件的爱，"翅膀"则是力量，让孩子有勇气去飞翔，离开自己，去追寻自己的梦想，活出自己的人生。

试问，有多少父母能做到这一点呢？

4

"幼童"我是不完整的，离开你就活不了！

由于社会、文化和生理的原因，幼童型人格往往发生在女性身上。

在进入一段亲密关系后，她们往往会表现出两个极端，刚刚交往初期可能会喜怒无常、脾气古怪，而且动不动把分手或离婚挂在嘴边；可一旦等到男人真忍受不了的时候，她们就会要死要活，完全崩溃，根本无法承受分离。

她们不懂取悦自己，精神难以独立，就像树藤一样，永远只能缠着树；也像衣服一样，只能穿在男人的身上；更像儿童一样，常年被死亡焦虑缠绕，害怕分离。

可以想象，这样的"幼童"如果不长大，会永远没有安全感，永远在亲密关系中感到焦虑和恐惧，永远在寻找一个永远对她无限包容的"爸爸"。但另一半不是爸爸，不管刚开始有多好，终究会累的。一旦那天到来，情感自然会亮起红灯，关系自然会土崩瓦解。

5

"圣母"我付出这么多，你为什么不爱我？！

英国心理咨询师雅基·马森在《可爱的诅咒》中提到，生活中总会有一些这样的人，他们将大部分精力都花在家人、朋友、同事身上，而且一旦停止这样做，就会觉得非常内疚，仿佛受了一场"可爱的诅咒"。

在"圣母"们看来，很多事情的优先级都高于自己的身心健康，结果让所有人得到了支持，却让自己崩溃。这样一种始终把友善待人作为唯一行为准则并因此受尽委屈的人，可以称之为"圣母"。

一般来说，"圣母"们在面对强势的人时，比如说父母、老师、上司，往往不敢表达自己真实的想法和需求，他们守着自己的清白感，过度夸大拒绝别人的后果。对此，德国家庭治疗大师海灵格曾说："我们付出的时候，就会觉得有权利。我们接受的时候，就会感到有义务。"

如果只付出不接受——就像是"圣母"一样，一个人就会有一种清白感，觉得自己在关系中绝对问心无愧。可以想象，这是一种很舒服的感觉。因为他会觉得自己在关系中永远正确："既然我是付出的一方，是'圣母'，那么我们关系中无论出现什么问题，都是你的错。"

相应地，关系的另一方就会觉得很不舒服，会频频感到内疚，会经常（潜意识）觉得问心有愧，所以最终一定会产生逃离的想法——正如中国古话所说："一碗米养恩人，一斗米养仇人。"一旦逃离，他们就会觉得非常痛苦，而且想不明白为什么自己这么好，却得不到好的回报。他们会怪老天爷的不公平，也会痛恨逃离者的背叛行为，而实际上，他们自己才是杀死关系的罪魁祸首。

前不久，作家蒋方舟在节目《奇葩大会》里感慨道，这么多年了，自己终于不用讨好他人了，也不害怕冲突了，如噩梦般缠绕她多年的圣母型人格，也终于走上了治愈之路。

6

众所周知，每个人的人格都决定了他的依恋模式，继而决定了他的婚姻和人生。

一般而言，"巨婴"和"圣母"可以说是"绝配"——绝望的搭配，周瑜打黄盖，一个愿打一个愿挨。这样的结合，最初彼此都会把对方当作是真爱，是彼此折翼的天使，可真要开始长期相处了，"巨婴"会更加长不大，"圣母"会不断压抑，最终让关系瓦解。至于"幼童"似的女子，则往往能吸引到回避型的男人。因为她们古怪任性的脾气，对这一类男人往往是致命的诱惑。然而，最终他们也会受不了，继而选择逃避和放弃。

所以说，虽然改变人格的路千辛万苦，"路漫漫其修远兮"，但永远别忘了从自己身上找答案，所谓"一念迷是众生是痛苦，一念觉是佛是幸福"，在此也祝愿：

所有的巨婴型大人，早日学会分离断奶。所有幼童型姑娘，早日精神独立。所有的圣母型朋友，早日回归自己，不再讨好。

唯有这样，我们才能真正地打破轮回，学会去爱，享受被爱，继而回归久违的幸福。

三毛的爱与痛：

回避型人格所铸就的矛盾一生

在现代女作家里，有三位佳人：张爱玲、林徽因和三毛。

有意思的是，这三个作家都有过浪漫到让人心碎的爱情。

张爱玲跟胡兰成那段低到尘埃里的因缘，终究没绽放出幸福的花朵。

林徽因跟徐志摩的康桥之恋，"悄悄的我走了，正如我悄悄的来，我挥一挥衣袖，不带走一片云彩"。

而三毛跟荷西之间的故事，彰显了爱情最大的魔力。因为这份爱，三毛获得了人生中的救赎，也度过了人生中最浪漫而幸福的时光。

然而，三毛在年轻时，到底经历了什么样的苦难，为何需要爱的救赎？她跟荷西之间的爱情，为何说美到心碎？最后她又为何会选择自杀离开世间呢？

接下来，我们就从"361"这三个数字去回顾三毛那自由不羁，却也交织着爱与痛的一生——所谓的"361"，是我对三毛人生的一个总结：三次自杀、六年热恋和一生长情。

首先是三次自杀，这是她人生的关键节点。

第一次自杀：十三岁。

自幼性情孤僻、感情脆弱的三毛，读初二时数学成绩特别差，一直不被老师待见。有一次，因为做不出习题，老师把她叫到讲台上说："我们班上有一个同学最喜欢吃鸭蛋，今天老师想再请她吃两个。"

随后，老师用饱蘸墨汁的毛笔，在三毛眼睛周围画了两个大黑圈。同学们顿时哄堂大笑。老师等同学们笑够了，就叫三毛到教室角落罚站。更可恶的是，等下课后，老师又罚她到操场绕一圈再回到教室。对此，三毛一直隐忍着，并没有找父母哭诉，而是晚上一个人躺在床上流泪。

等到了第三天，三毛去上学，还没走到教室就昏倒了。随后她的心理出现了问题，而且一天比一天严重，以致一想到要上学就会失去知觉，后来更是发展到了自杀。

对此，三毛曾在 1986 年所写的《生之喜悦篇》里回忆道："当时是因为不能适应学校生活，内心焦虑逐日俱增所致而自杀。"她选择的是割腕，所幸被发现得早，但从此也有了严重的心理疾病。她再也不肯去学校，害怕接触外面的世界。她身披盔甲，画地为牢，生怕别人入侵她的内心世界。

为了把自己严实地封闭起来，她还在自己的窗外加了铁窗，而且门内门外都加了锁，高兴时把它们打开，不高兴时就全部锁起来。这种自我封闭的生活整整延续了七年，直到十九岁，她才慢慢重新接触社会。

第二次自杀：二十六岁。

从美国回台湾在文化大学教了一年书后，大龄的三毛，感情一直不顺，好不容易遇到了"今生心甘情愿要嫁又可嫁的人"，可未婚夫却在结婚前夕突发心脏病，不幸逝世。随后，痛不欲生的三毛觉得人生无望，便在朋友家吞服了大量的安眠药。在被抢救过来后不久，三毛便远走他乡，重回西班牙，并在那儿遇到了此生挚爱。

第三次自杀：四十八岁。

自从荷西离世后，三毛的心便越来越干枯，她再次变成了"一个人"，从此不能自拔。每当有人说及荷西，她都泣不成声。

在随后的日子，有不少人向三毛求婚，她也"总希望有个贴心人在身旁，但总是事与愿违"，甚至还遭到了骗婚勒索，再加上病魔缠身，没有子女，无所寄托……种种缘由，让三毛慢慢看破红尘，生无可恋，最终选择了用丝袜在医院结束自己四十八年的生命。

从以上的三次自杀中，我们可以看到，三毛是一个悲剧性的人物。由于她性格中的自我封闭和过分敏感，虽然事业成功，虽然荷西给过她爱的救赎，但命运的巨轮似乎难以改变航向，"即使今天不发生，早晚也要发生"。

以上便是三毛绝望的三次自杀。接下来，我们来说说浪漫的六年热恋。这里的六年，其实要分为两个六年。

第一个六年：六年之约。

1967年，年仅二十四岁的三毛孤身前往西班牙马德里大学哲学院求学。那一年的圣诞夜，她在朋友家邂逅了荷西。而后，荷西便经常约三毛出去玩耍。

某次约会时，荷西认真地看着三毛的眼睛说："Echo，你再等我六年，我读大学四年，服兵役两年，等六年过去了，我就娶你，好吗？"

看着这个可爱而且还在念中学的小帅哥，三毛笑道："好啊，既然这样，我们就疏远一点，不要常常见面好了。"

那次分别以后，两人信守承诺，再也没有联系过。

后来，未婚夫突然离世，三毛为了抚平内心的伤痛，再次回到了西班牙。在那里，她突然想起了荷西，那个跟她有着六年之约的男孩。而那时，六年之约刚刚到期，她拿起笔，写了封信给他。

然后有一天，三毛接到朋友的电话，说有急事，请她立马赶过去。三毛放下电话，一路飞驰，去了朋友家。随后，朋友把她带进了一个房间，让她闭上眼睛，然后就悄悄走了。过了一会儿，房门开了，一双温暖有力的手臂从三毛身后将她环抱了起来。三毛惊讶地发现，原来眼前这个身材高大、满脸胡子的西班牙青年，正是六年前的那个傻大个儿荷西！

此刻，房间的四面墙壁上挂满了三毛的照片。面对此情此景，三毛感动得流下了眼泪，随即芳心暗许："这一辈子，我只嫁给他！"

随后不久，为了三毛，荷西放弃了向往已久的大海，来到了撒哈拉沙漠。1973 年 7 月，三毛与荷西在阿尤恩小镇登记结婚。

第二个六年：六年热恋。

就在公证结婚之前，荷西手捧一个纸盒子跑到三毛面前。这并不是什么普通的礼物，而是一个完整的骆驼头骨。对三毛来说，这是一份意外的，甚至可以说是豪华的结婚礼物。荷西几乎是跑遍整个撒哈拉沙漠，最终在滚烫的沙堆里找到的。

1975年，因为战争的原因，三毛不得不暂时告别荷西，并且永远地离开了那片"花开成海"的撒哈拉沙漠。10月22日，三毛先一步离开阿尤恩小镇，到西班牙海外领土大加纳利岛等候荷西，并在1976年的5月出版了第一部作品《撒哈拉的故事》。

十天十夜音信全无的等待，三毛感到无比地焦虑与恐惧。也正是在这十天的煎熬之中，她才意识到自己有多爱那个"大胡子"。幸好，在第十一天的上午，三毛远远地看到荷西驾着一辆汽车赶来。

而且，他不但人来了，车来了，就连抹布、化石、骆驼头骨都带来了。三毛看到这一车子的东西，喜极而泣，内心满满的幸福感。

经历了沙漠的欢声笑语和战火的无情洗礼，三毛终于死心塌地地爱上了荷西。离开沙漠以后，三毛和荷西居住在非洲西北部的大加纳利岛上。

转眼三年过去，三毛又跟随荷西来到了拉芭玛岛。小岛上风景如画，气候宜人，特别宜居。其间，在结婚六周年的纪念日，荷西用加班费给三毛买了一只老式女表。他握着三毛的手说："以后的一分一秒你都不能忘掉我，让它来替你数。"

1979年9月，三毛的父母到欧洲旅行，特地绕道去小岛看望他们夫妇。

二老在小岛游玩几日便要离去，三毛随后陪父母到伦敦坐飞机。

住在伦敦的那晚，三毛突然接到来电。像是有心灵感应一样，刚拿起电话的三毛就急问道："是不是荷西死了？你是不是要告诉我荷西死了……"

不幸的是，事实正如三毛所料，荷西在出海潜水时不幸遇难。

尸体被打捞出来的那天，正好是中秋节，三毛万万没想到会以这样的方式跟爱人"团聚"。那晚，她独自走进停放荷西尸体的房间，拉住已经过世两天的荷西的手，像平常两个人双手互握时一样。她一边诉说着两人的过往，一边泪流成河。

后来，三毛把荷西安葬在他们经常去散步的墓园里："埋下去的，是你，也是我。走了的，是我们。"

在说完三次自杀和六年相恋后，我们来看看"一生长情"。

作为一代文艺女神，三毛在幼年时就酷爱读书，五年级下学期第一次看《红楼梦》，初中时更是看遍了世界名著。初二休学期间，由父母悉心教导，她在诗词古文以及英文方面，都打下了厚实的基础。

王小波曾说，一个人只拥有此生此世是不够的，他还应该拥有诗意的世界。三毛幼年时候积累的文学基础，让她对诗意有独特的理解，也让她成为一个爱情的理想主义者。

然而，在三毛一生长情的背后，到底藏着一些什么样的性格特征呢？

毫无疑问，三毛热爱生命，热爱生活，不喜欢单调、乏味的日子。"生命的历程，无论阳春白雪，青菜豆腐，我都得尝尝是什么滋味，才不枉来走这么一遭。"

对于三毛来说，从来就没有苟且的活法，她把生活过成了诗和远方。在骨子里，三毛是渴望自由的。她说："自由自在的生活，在我的解释里，就是精神的文明。"仅仅是因为一张图片，她便说自己要去撒哈拉，然后她就真的去了，所以有了《撒哈拉的故事》。

她在沙漠中寻找生活的真善美，种种奇遇引出了一个个具有传奇色彩的故事。"我在这个世界上，向来不觉得是芸芸众生的一分子，我常常跑出一般人生活着的轨道，做出解释不出原因的事情。"

三毛的父亲曾说，三毛不在意生命的长短，只在意是否痛快地活过。她说："我是一个像空气一样自由的人，妨碍我心灵自由的时候，绝不妥协。"

在骨子里，三毛是一个绝对的自由主义者，一生走遍五十四个国家和地区，包括西班牙、德国、西撒哈拉……这样一种人生态度，也体现在了她的文学作品中。三毛的文字非常有特色，看起来文采一般，却能够轻易地触及读者的内心。

三毛最大的魅力，在于她作为一个女人，敢于打破囚笼，掌控自己的命运，用真实去跟这个世界碰撞——哪怕碰得血肉模糊。这种精神是大多数人所缺乏的，所以人们向往撒哈拉，也憧憬三毛的生活，本质上也是对"自我实现"的一种投射。

可遗憾的是，三毛也有着明显的性格缺陷，这些缺陷直接影响了她的一生：

1. 孤僻性格与自我封闭

心理学家阿德勒认为，"出生顺序"的不同，将会对一个人的人格带来不同的影响，中间出生的儿童可能会有自卑感，他们需要不断地寻求优越特性。

三毛在家排行老二，有一个姐姐与两个弟弟，姐姐比三毛大三岁。出生顺序及家庭背景对三毛的性格产生了很大的影响。这种未被重视的心理，自小就在三毛的心里扎下了根。

幼年时期，三毛的性格就很孤僻。她不爱和同龄的孩子们一起玩耍，她最喜欢去的地方是荒凉而阴森的墓地。她常常一个人趴在坟头上玩泥巴。可以想象，这种古怪的性格总是让小伙伴们感觉害怕。

自己的爱救赎了三毛，造就了那个完整、自由和一生长情的三毛。

最后，我想特别补充的一点是，对于回避型人格，最好的治愈方式就是找到一个能真正爱自己的人。通过这份爱，形成一个安全稳定的容器，让自己能够自由地探索这个世界。

如果暂时没有找到，也没有关系，我们可以试着建立一些长久的朋友关系，或者养一些动物或植物，培养一两个长久的爱好和运动，慢慢地通过自己的成长，去觉知内心一些可能不那么健康的关系模式，一点点地走出舒适圈——必要的时候也可以借助咨询师的力量，从而真正地活出我们的和谐、多姿和自由。

石头剪刀布：

三种基本人格的心理特点

众所周知，小孩子在应对复杂的外部环境时，一般会采取三种态度：

1. 亲近他人。

2. 抗拒他人。

3. 疏远他人。

具体来说，因为自身的弱小和对爱的渴望，孩子天生就会亲近他人，以寻求安全感。但如果他们从周围的环境中感到了阵阵的敌意，比如说有坏同学、坏老师，甚至打人的继父母，他们就可能出现反抗的情况。

如果一个孩子总是反抗失败，受挫了，觉得没人理解自己，甚至人人忽略自己的时候，就会慢慢地变得内向，开始疏远他人。以上三种应对方式，会慢慢地构成孩子的性格习惯，继而在长大后，成为他们的人格表现：顺从型、对抗型和疏远型。

当然，这三种人格在感情生活中，也会有截然不同的表现，比如说，有些人总是喜欢亲近他人，以致失去自己，容易索爱；有些人则把婚姻当作一种工具，找个老婆，不过为了利益的最大化；更有些人，哪怕是结婚了，对这个家也没有多大的亲近感。

其实，这套人格分析法，最初来源于精神分析的领军人物卡伦·霍妮，简单而实用。在这里，我做了一些个人多年咨询心得的总结，试图用更通俗的方式给大家解读。

首先，第一种是顺从型人格：羊。

所谓的顺从，就是主观上更倾向于听别人的话，就像羊一样，但这往往只是浮于表面，在内心深处，却有着剧烈的冲突。

"羊"具有以下三个特点：

1. 亲近他人

很随和，容易抱团，容易交友，没什么锋芒。

2.求同存异

喜欢和别人找情趣和爱好上的共同点,至于和别人不一样的地方,则不太在乎。在感受到别人的不满或是碰到争论和竞争的时候,习惯选择逃避。

3.安全感至上

别人的喜欢、需要和帮助,都是"羊"所需要的。他们对安全感有着永远无法满足的需求。

不过需要注意的一点是,他们内心真正的需求,不能被压抑过多。如果被过度压抑,就会爆发。比如说有这么一个来访者,有一个典型的顺从型人格,有一天他告诉我,说他想去出家,因为他常年顺从控制欲极强的老婆,受不了了。

一般来说,"羊"都是爱情主义者,渴望亲密关系,爱情往往成了他们追求的生活目标——尤其表现在女性身上,对她们来说,如果没有爱情,其他风景、工作、娱乐、兴趣爱好等,都是无聊的东西。

部分情况严重的顺从者,会觉得爱情就是一切,一旦失去了爱情,就像被全世界抛弃。比如说有这么一个学员,前不久离婚了,还抛下了三岁多的女儿,原因是因为她感觉不到老公的爱。老公对她其实挺好的,但迫于生计,一直在外地上班,对她照顾不周。

总的来说，顺从型的人，渴望拥有一位能够控制他，也能帮助他判断对和错，还能让他生活中的所有希望都得到满足的爱人。

其次，我们来看看第二种，对抗型人格：狼。

所谓的对抗型，就是骨子里会抗拒他人。如果说顺从型人格相信人性本善，只要抱有一颗真心，世界处处是友善。那么，对抗型人格，则是相信人性本恶，坚守丛林法则，物竞天择，适者生存。当然，这并不是说这种性格的人表面会很暴力，很凶残，而是指他们内心是对抗的，有些人哪怕表面看起来彬彬有礼，如春风般的真诚温暖，但那都是带有其他目的的。所以，狼是最能够代表他们的动物。

总的来说，"狼"具有三种基本特点：

1. 抗拒他人

性格上会给人一种严肃的、态度强硬的感觉。他们也会体贴别人，但更多的是对自己非常亲近的人才会。

2. 敢于表达

跟顺从者不一样的是，他们喜欢求同存异，有什么想法也不会藏着掖着，而是会直接表达。

3. 内心强大

他们坚信弱肉强食的生存法则，本身更像一个斗士，而且觉得每个人对于别人都是狼，认为仁慈和包容都是弱者的表现。

比如有这么一个学员，她男朋友做销售，年薪几十万，但他找老婆只有一个标准，就是事业上能更好地成就自己。

她跟我分享了一个细节，说有一次，为了上班方便，她买了一辆大众宝来。可男朋友特别不满，甚至指责她，说你干吗买这个？干吗不等结婚之后，我们一起买辆奥迪？她说买了奥迪谁开啊？男朋友说当然是我啊，你开这么贵的车干吗？

由此可见，在爱情上，"狼"是典型的现实主义者，所以他们会更在乎两个人是否真正合适，恋爱的资本会不会匹配，而不是看会不会走心。飞蛾扑火的爱情一般是不会发生在这种人身上的，一旦失恋，他们也能够很快走出阴影。

他们并不觉得爱情是必要的，甚至会觉得婚姻就是一种工具，重点就是看这个婚姻能否提高他的魅力、声望或财富等。

考虑到狼的特点，对抗型的人尽量不要找同一类型的，否则就是火星撞地球了，他们更适合跟顺从型的人谈婚论嫁，相守一生——不过对于顺从型的人来说，那可未必是一件好事。

最后，我们来看看疏远型人格：猫。

所谓的疏远型，就是生性孤独，喜欢一个人待着。正所谓狮子群居，老虎独居，而且一山不容二虎，所以这里，我们暂且用老虎或者猫来代表他们，其特点是：

1. 疏远他人

跟人一定要有距离感，不管是空间上，还是心理上。至于到底有多疏远，主要看个人的性格习惯。更严重的疏远型人格，除了会疏远他人，还会连自己都疏远，就是认不清自己。如果让自我疏离的人去亲近别人，可能会令他的精神四分五裂。

2. 不迎不争

不会特别顺从别人的观点，也不会对抗别人的观点。与此同时，他还有一种不知哪里而来的优越感，就像一个孤独的小王子。

3. 追求自由

讨厌束缚，向往自由，座右铭往往是"生命诚可贵，爱情价更高，若为自由故，两者皆可抛"。

著名作家王小波曾说，三个人在桌上他就是一个哑巴，一旦两个人，他就妙语如珠，能把黑说成白。这其实就是疏远型人格的代表。

在爱情上，"猫"是随缘主义者，不会刻意去追求所谓的爱情，对有人爱不是那么看重，也不会要功利性的爱情。"猫"觉得自己一个人过很好，但遇到自己喜欢的人，也会乐于摆脱现状，收获幸福。

看过王家卫成名作《阿飞正传》的朋友，一定会对张国荣所饰演的旭仔印象深刻，他可以说是典型的疏远型人格。他把自己形容为无脚鸟，一生漂荡，回避太长久的亲密关系。女孩子要是遇到这种浪子型的人，那还是早早绕道吧，除非你觉得青春就是用来挥霍的。

以上就是三种基本人格的特点，总的来说：

顺从型人格追求喜爱、亲近和安全感；对抗型人格追求生存、支配和成功；疏远型人格，更多的是随缘主义者，秉承自由至上的法则。

如果用一个形象的比喻来概括的话，那么这三种人格有点像"石头剪刀布"：

布是顺从型；剪刀是对抗型；石头则是疏远型。

由此可见，每一种人格都有不一样的风格和特点，所以，我们需要觉知到自己的人格类型，熟知性格中的利弊，然后取长补短，并用于工作和恋爱对象的选择上，从而真正地让我们在成长中被治愈，在情感中如鱼得水，并最终得到自己的幸福。

现象场疗法：

如何通过身体的共情去化解怨恨？

前不久，有个咨询者来访，说她最近一个月，几乎每天都失眠，偶尔运动完也能睡着，可睡不到几个小时，又会突然醒来。好不容易再次睡着，却也是噩梦连连。

她非常痛苦，每天顶着黑眼圈上班，拖着疲惫的身躯回家。本来随着年龄渐长而日益发黄的脸色，如今更是变得黯淡无光，感觉半年不到就老了好几岁。

她失眠的原因并不新鲜：结婚十几年，一直以来表现尚佳的老公疑似出轨了。一方面，她不敢跟老公对质，不愿跟第三者正面起冲突，生怕会逼得老公离婚；另一方面，每次想到他们在一起的情形，她就会崩溃。

我们做了一段时间的沟通，她的状态慢慢好了很多，睡眠也改善了不少。不过偶尔也会反复，甚至有抓狂的感觉，恨不得捡起东西就摔。

也就是说，在内心深处，她依旧无法原谅老公的疑似背叛。后来，我们尝试做了一次浅催眠，帮她进入她老公的现象场，暂时"成为"了自己的爱人。

结果，神奇的事情发生了。她在"成为"老公之后，脑海中出现了这样一个场景：

"他"坐在书房的一张凳子上（这是老公经常坐的地方），非常焦虑地听着外面的她走来走去。匆忙的脚步声，咄咄逼人的话语，给了"他"巨大的压力，让"他"非常不舒服。

当然，除了这些负面的意象，她还感受到了一些好的场景，比如说看到她跟孩子一起玩时，内心会升起一种浓浓的爱意。只不过这种爱，更多的是亲情，而不是激情。

从这个练习中，我们发现，这些年来她给老公所带来的压力，让他几乎透不过气，甚至觉得她的说话声和脚步声都是压力。也正是这种压力，让他想要逃离。

明白了这一点后，她开始真正地理解起老公，也放下了怨恨。

著名的心理学家罗杰斯认为："我，是一切体验的总和。"意思是说，要想真正地了解一个人，就需要进入他的现象场，体验到他的感受。那么，什么是现象场呢？

具体指的就是一个人的体验和时空等环境因素的结合。一个人想进到爱人的现象场，可以通过以下的方法：

1. 找一个宽敞安全的地方，站着，安静下来，闭上眼睛，从上到下，扫描式地感受身体，从头、脖子、肩膀、脊柱、双手、胸口、腹部、臀部、大腿、膝盖、小腿……感受自然而然的呼吸，放松。

2. 发挥最大的想象力，想象你爱人出现在你左边一步远的距离。尊重第一时间出现的画面，不要做任何头脑上的努力，比如修改想象。

那么，在这个画面中，爱人具体是什么样子，他的年龄、他的衣着、他的姿势、他的表情……看着爱人的样子，看得越真切越好。

3. 左跨一步，进入爱人的身体，并做出爱人的姿势，就好像你成了爱人。从现在起，你就是爱人。

4. 睁开眼睛，以爱人走路的姿势走路，以爱人说话的方式说话。

5. 这个时候你可能会自动想起爱人留给你的一些关键印象，那么，试着去体验爱人在这些关键时刻的感受。

6. 进行四到六分钟后，停下来，站好，保持身体的自然直立。

7. 右跨一步，离开爱人的身体，进入你的身体，重新成为你自己。

心理学家武志红认为，当一个人成功地"成了自己的爱人"后，不但可以更好地理解对方，原谅爱人所带来的伤害，甚至还可以把你的爱传递过去，为对方感知。

比如说有这么一个孩子，犯有严重的贪食症，父亲在进入孩子的现象场之后，发现原来是因为最近一年他们搬家多次，以致孩子缺乏足够的安全感。有意思的是，自从"成了孩子"后，孩子的贪食症就自动痊愈了，不再像以前那样疯狂地暴饮暴食，以寻求心理上的安全感。

记得上中学时，我有一阵子特别迷《福尔摩斯探案集》。

此公破案有一大特点，就是在进入案发现场后，能够进入嫌疑犯的现象场，找到他人不易察觉的蛛丝马迹，以帮助破案。类似的手法，其实在电影中也经常出现，比如在《盲探》里，刘德华所扮演的神探虽然是一个盲人，却因为能够很好地进入嫌犯的现象场，所以洞若观火，破案如神。

而在电影《唐人街探案》里，秦风为了找到杀人凶手，和王宝强所扮演的唐仁一起演绎和还原了作案现场,并从中找到了一条最为重要的破案线索。

很多人都以为,这样的破案方式不过是一种艺术渲染而已,并没有多大的现实参考性。其实,这还真是一种特别有效的破案手段。哪怕我们对嫌犯一无所知,但只要能进入嫌犯的现象场,暂时地"成为"他们,跟他们建立起关系,就能感受到他们的某些念头。

我有个朋友是刑侦队的,有一回我们聊起这事。他说这个很正常,他有几个同事,是数一数二的刑侦高手,他们都会用这个办法,在现场跟嫌犯建立关系,同步感受,从而找到破案的线索。

平时会看育儿书的朋友一定知道,父母可以通过模仿孩子的言语和行为,提升他们跟孩子之间的感情,但很少人明白背后的原因是什么。其实是因为,当父母在模仿孩子时,就等同于进入了孩子的现象场,感受到孩子的喜怒哀乐。虽然这种进入并不是很深,但频率多了,也能够有足够多的爱意流动。

另外,模仿是孩子的天性,特别是模仿大人。所以,孩子也很容易进入父母的现象场,感受到父母的感受,比如说父母生气了,不开心了,哪怕不说话,孩子也能很容易感受到。

同样的道理,有些年轻的小情侣会经常玩一种游戏:模仿对方。

通过这种方式，他们在不经意间就进入了对方的现象场，实现了爱的同步和共鸣，大有琴瑟和谐的感觉。正所谓"一曲肝肠断，天涯何处觅知音"，俞伯牙和钟子期的故事让我们明白，能够与对方共情，是多么美好的一件事。也难怪鲁迅会对瞿秋白说"人生得一知己者，足矣"。

然而，如果一个人能够通过现象场，暂时地成为他的爱人，感受到彼此的真实，看到对方身上流淌的死能量，这何尝又不是一种更深层次的知己？

如此一来，两人间的感情，必定会得到升华，相互间的关系，也会变得更为融洽，继而更好地面对人生八苦、世间善恶以及日复一日的柴米油盐和各种各样的诱惑。

房树人测试：
如何判断一个人的恋爱风格和心理状况？

最近我去了几所学校分享经验，都遇到了同样的问题：

"沈老师，现在的男人这么不靠谱，让人特别恐慌。那有没有什么办法，能够便捷而有效地测试出一个人的真实心理呢？"

有一个简单的方法，就是让对方画一幅"房树人"。其实，房树人测试是一套目前国际上比较通用的心理投射法。最初是用来检测自闭症孩子的心理状况，整体来说还是比较有参考性的。

所以我建议大家，在正式确定关系之前，最好可以给另一半测试一下，看对方到底是百年一遇的如意郎君，还是披着羊皮的狼，抑或是有其他的隐藏问题。当然，这个测试再怎么专业，也不过是一种辅助的参考。要想有更全面的判断，则需要了解一下彼此的原生家庭和依恋模式，有条件的还可以找咨询师帮忙，看看有没有什么隐患。

我曾看到过这么一个真人秀节目，是广州的某个电视台制作的，节目邀请了几个明星参与，有一个环节就是做房树人测试。其中一个女明星，一看就是非常热情、开朗和乐观的类型，但奇怪的是，她画的房子没有窗户。

对此，咨询师解析道："你表面虽然非常阳光，但内心可能不爱跟别人说心事，也排斥跟人进行深层次的沟通。"女明星当场就吓了一跳，急忙往后躲，说："你们咨询师真是太恐怖了，我不画了！"

说到这儿，你一定很好奇，这个让女明星觉得恐怖的测试到底应该怎么画呢？如何可以在神不知鬼不觉的情况下偷窥到爱人的心房？规则其实非常简单，在一张白纸上画上房子、树和人三种元素，其他的东西比如说蓝天、白云、太阳都可以自由添加。另外，画了之后不能涂抹（可以重新画），不能用尺子画，不能画太久，五到十分钟就好。在这个测试里，房、树和人分别代表着不一样的寓意。

●房子：原生或现有的家庭关系，安全感的需求。窗户、门、屋顶、烟囱、造型、院子等都有不同的寓意。

●树：生命力，个体的精神及性的成熟性。树冠的大小、长势，树根跟水平面的落差，树叶的形状，是否有果实等都有不同的寓意。

●人：个人的自我认识，心理上和躯体上的自我。人的性别及比例、四肢是否完善、人脸是否清晰、头发是多是少、站姿如何等，都有各自不同的寓意。

另外，整个构图的位置，也能折射出一些有趣的心理状态：

1. 整体偏左

关注感情世界，留恋过去，如果是男性，身上可能会有女性的特点。

2. 整体偏右

为人偏理智，关注未来，计划性强，如果是女性，身上可能存有男性的特点。

3. 整体偏下

过分关注现实，追求安全感——孩子喜欢这样画。

4. 整体偏上

目标远大，追求精神生活，自我保护意识较强。

与此同时，构图的线条也会有直接的影响，比如说线条有力清晰，则意味着行动积极，自信有能量。如果线条浅淡，轻微，甚至不连贯，则意味着犹豫和害怕，没有安全感，情绪化，易冲动。

为了帮助你更好地理解，接下来我们结合两幅画，做个简单的分析。

两幅画房树人的作者都是我的来访者，几十年的夫妻，关系一直很微妙。我们可以从中发现一个非常有趣的现象：

先看妻子：

1. 画面太大，占满了整张白纸：习惯以自我为中心，人际交往能力弱，过分地控制自己和别人。

2. 房子左边的边缘被切断：比较怀旧，留恋过去的美好，对未来感到恐惧。

3. 树非常大，而且盖住了房子：生命力强，但对家庭、家人有极大的控制欲。

4. 人像模糊，比例严重不均衡，且线条不清晰，不连贯：对自我认识很差，行动力弱。

5. 只画了自己：结婚几十年，却没有画老公和孩子，对家庭不关注，更关注自己——事实表明她跟老公和孩子的关系非常差。

再来看看丈夫：

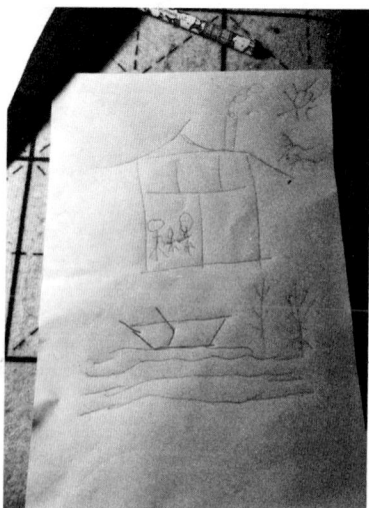

1.画了烟囱，也画了一家三口：非常关注家庭温暖，跟妻子明显不一样。

2.线条清晰：行动积极，注重效率，执行力高，也跟妻子不一样。

3.生命树很小，而且画在了下面水边：被妻子长期控制，没有了生命力，跟妻子画的树完全不一样。

4.画了小河和船：随时想逃离，逃离妻子的控制——后期咨询中，我也了解到了他常年有离家的念头。

以上就是对这两幅房树人图的初步解析。当然，这两张图还有其他更丰富的内涵，大家可以带着好奇，自己去挖掘，这里就不再赘述。

总的来说，房树人是一种非常简单有效的测试，不管是针对恋人、家人还是孩子，都可以帮助我们第一时间发现可能存在的隐患，在问题真正暴露之前，及时地解决。

说到这儿，有兴趣的朋友，现在就可以找两张白纸出来，"诱惑"你的恋人或情人画张"房树人"吧，没准能看到一个截然不同的爱人。

反向形成：

你为什么用完全相反的行为，来表达内心的感受？

1

前不久，我遇到一个特别的案例。

来访者是个成都人，三十来岁，大型公司的女白领，形象不错，收入不少，就是有个毛病——喜欢讨好自己的父母，特别是父亲，而且已经到了病态的程度。但凡父亲说的话，小到春节回谁家过年，大到给弟弟买房，她都会言听计从，不管出力还是出钱，钱不够还会让老公想办法凑。

长此以往，老公肯定受不了。如果说结婚刚开始那几年，蜜月时光，老公还能够暂时压抑着、忍受着，相信有一天，生了孩子有了小家庭之后，就会慢慢地好起来。可没想到，如今孩子都三岁多了，老婆不但没有收敛，反而变本加厉。

结果老公彻底地失望了，原本忠厚老实的模范住家男，开始在外面找女人寻求慰藉。此外，他还换了一个经常出差的工作，回家的时间顿时少了很多。眼看着婚姻亮起了红灯，来访者特别痛苦，连续一个多月睡不好，经常凌晨三点多惊醒，然后再也难以入睡。为此，她还去看了中医和西医，可效果都不太明显。

在咨询的前期，我们一直也没有找到原因。后来有一天，她做了一个梦，梦到很多的亲戚围在一起吃鸡，但奇怪的是，亲戚里好像没有爸爸，而且更让人觉得诡异的是，满盘的鸡肉都是生的，血淋淋的一大片。

我问她，你们当地有吃生鸡的习俗吗？
她答没有。
我又问，那你在梦中看到这样的画面，有什么样的感觉呢？
她说并没有觉得可怕，只是有一些失望，因为没有吃到。
我笑了笑，然后问她，你爸爸是属鸡的吗？
她不假思索地说，是的。
我问她周围还有其他人属鸡吗，她说没有。

说到这儿，谜底就基本揭开了——想必聪明的你也猜到了，这位来访者在梦里想吃的鸡，可能并不是真的鸡，而是她的父亲。

2

为什么会这样呢？其实，从小到大，她对父亲都怀有一份深深的恨意。正是因为父亲当年出轨，背叛了家庭，她不但彻底地失去了父爱，也失去了幸福的童年。

在父亲离去后，母亲痛不欲生，并把所有的怨恨都发泄到了她身上。一夜之间，她的命运被颠覆了，坠入了黑暗的深渊。可是，她又会常常回忆起小时候父亲对她的好，给她的爱，这让她一直无法表达对父亲的恨，害怕这份恨把父亲推得更远，所以只能把恨深深地压抑在心里。经过时间的积累、岁月的发酵，这份恨如今已经厚重到连做梦都想吃掉父亲了。

察觉到了这点后，她的睡眠问题在当晚就得到了改善，然后不到一个礼拜，就彻底恢复正常了。与此同时，她跟老公的关系也开始慢慢地得到了改善，因为她不再强迫老公去认同父亲了。

其实，类似的事情并不少见，或是因为道德责任义务，或是因为孝道伦理文化，甚至是因为所谓的带着极大的控制欲的"爱"，我们一直不敢、不愿、不想去表达内心的恨、愤怒或攻击性，结果却引发了更大的心理问题。

3

上海海事大学的杨元元，因为从小到大，妈妈的控制欲太强，几乎要侵入她所有的生活空间。杨元元在读研究生的时候，妈妈甚至要求搬到宿舍楼跟她一起住，这成了压死骆驼的最后一根稻草。她再也无法忍受妈妈的侵入，选择在宿舍大楼自杀，唯一的遗言是给弟弟的，而且只有四个字：远离妈妈。

为什么会这样子呢？盖因从小到大，单亲妈妈带着他们姐弟俩，含辛茹苦，而且也没有再嫁。所以她始终被妈妈那带有牺牲精神的"好"绑架着，无法表达不满和怨恨，也无法具备攻击性，过度压抑，最后只能攻击自己，而且还是用最惨烈的方式。

总的来说，一个人的真实感受跟外在的行为表现一旦形成巨大的反差，必定会导致巨大的内在冲突——这叫作"反向形成"，属于精神分析里的一种防御机制，具体是指把潜意识中不能被接受的欲望和冲动，转化为意识中的相反行为。

中国有句古话叫作"表里不一"，意思有些类似，不同的是，表里不一指的是为了某种利益而有意为之，但反向形成则是无意识形成的。

4

有一期《心理访谈》，讲到一个三十多岁的男人啃老十年。从他的言谈举止来看，似乎是一个非常外向的人，但这种外向总让人觉得特别别扭。而他所做的事情，更是让人费解，比如说大冬天的穿个裤衩在大街上表演行为艺术，或是戴一个古代的犯人刑具来宣扬某种理念。

主持人问，你为何会用这样一种疯狂的方式表达自己？

他说自己从小非常内向，极其自卑，没有朋友，特别痛苦。后来好不容易谈了个恋爱，可没谈多久就被甩了，对方说因为他的性格太内向，太无趣。从那时起，他发誓再也不做内向的男人，然后就变成现在这个看起来外向的人。

然而，这种外向是心理扭曲而来的，是极端不接受自己之后形成的。随后，他变得越来越疯狂，每份工作都做不久就被老板炒了，后来干脆不愿意做了，躲在家里，直到现在三十多岁还在啃老。

5

著名的心理学家比昂曾说："真正有效的沟通是，表达爱，表达恨，增进了解。"

其实非常容易理解，比如说一个小孩跟父母在一起，不但可以说爱妈妈，也可以去了解妈妈，更可以偶尔跟妈妈发情绪，像这样的关系才算是健康的。

但如果一段关系中，只能表达爱，无法表达恨，有情绪只能藏着、压抑着，因为表达了妈妈也不会理，甚至还会攻击自己，比如说"你哭什么哭，再哭我就揍你""再这样不乖我不要你了"……那这样的沟通肯定是扭曲的，建立的关系也是病态的。

总而言之，对于那些我们在成长过程中所经历过的刻骨铭心的恨，一定要先看到，继而接纳，然后开始流动，才能够选择原谅和宽恕——当然也可以选择彻底隔离和告别，正如本文开始的那个来访者，当她承认了对父亲的恨，并选择了原谅，治愈的开关就正式打开了。

众所周知，古龙的武侠小说之所以能够打动人心、流传甚广，是因为小说中所塑造的人物，比如李寻欢、楚留香等，都可以痛快去爱，痛快去恨，快意恩仇，洒脱随性，而不是一直憋着爱、憋着恨，不敢爱，更不敢恨——隐忍得好可能叫作含蓄美，如同《一代宗师》里的叶问和宫二。但如果过度地压抑自己，终究会让我们内心扭曲、灵魂异化，继而彻底地迷失在滚滚红尘中。

俄狄浦斯期：

决定每个人终身幸福的成长阶段

1

有这么一个女子，三十来岁，佛山人，如果单从长相来看，眉清目秀，五官精致，颇有一番女人味，再加上一头黑色的披肩长发，恰似《仙剑奇侠传》里的唐嫣。

可惜的是，从十岁左右起，她开始发胖，然后一发不可收拾，如今芳龄三十有二，不到一米六的身高，已经三百斤了。对此，她的老公觉得她太胖了，结婚没几年就开始嫌弃她，然后在外面拈花惹草。

然而，这么多个日夜的痛苦煎熬，直至感情破裂，婚姻走到尽头，都没能让她彻底地瘦下来。每况愈下的肥胖身材，不断攀升的地心引力，让原本自信乐观的她越来越痛苦和自卑，甚至有些生无可恋。

2

然而，这个女孩并没有自暴自弃，也不是那种好逸恶劳的人。回顾过往多年，在跟肥胖斗智斗勇的峥嵘岁月中，物理的、化学的，中国的、西方的，管嘴的、迈腿的……她试过各种各样的办法减肥，只不过身上的卡路里还是不太愿意燃烧，偶尔体重也会减少，可很快就反弹上去。

考虑到她并没有什么家族肥胖史，爸妈还有姐姐的身材也非常匀称，所以很显然，背后有心理方面的原因。

对此，可能有些朋友会说，这还不简单，婚姻不幸，心情不好呗，然后就吃吃吃，喝喝喝，疯狂地化悲痛为食欲。诚然，这是一个很重要的诱因。但这并不能解释，她早在童年的时候就已经开始发胖的事。

那么，藏在背后的真正原因到底是什么呢？

3

首先，我们来看一个古希腊的神话，相信很多的朋友都听过。话说有一天，在古希腊的某个国家里，有一个婴儿出生了，他的名字叫俄狄浦斯。

可怕的是，婴儿出生时有一道神谕，说他将来会杀父娶母，于是他被父亲抛弃在了荒山上，让其自生自灭。

没想到，他不但坚强地活了下来，更是辗转成了科林斯国王之子。成年后，他无意中——但其实也是宿命的安排，得知了对自己的神谕。于是，为了躲避杀父娶母的预言，他逃出了科林斯国，其间在途中与人抢道，将对方主仆等人打死。随后，他来到了底比斯国，治服了恐怖的狮身人面怪，于是被老百姓们拥立为王，娶寡后为妻。

可让人万万没想到的是，他在途中所杀的人，正是他的亲生父亲，而他所娶的人恰恰是他的亲生母亲——这正好应验了他出生时的那一道神谕。知道真相后，王后（同时也是太后）羞愤自尽，俄狄浦斯则在痛苦和愧疚之余，刺瞎了双眼，从此离开王位，自我放逐。

正是这样一个杀父娶母的悲剧，看起来荒谬而不可思议，但其实有着普遍的现实象征意义，后来更是被弗洛伊德引用，作为人格发展的第三阶段：俄狄浦斯期。在这个阶段，孩子最重要的一个情结就是，恋上异性父母，敌对同性父母，也就是所谓的恋母仇父或恋父仇母的情结。

4

说到这儿，让我们再次回到上文中的那个故事，一起来挖掘一下那个姑娘发胖而且始终减肥失败的真正原因。从小到大，这个姑娘跟父亲的关系就非常微妙。父亲特别强硬，控制欲极强，简直可以说是暴君，要求女儿一切都听他的：

如果听他的，父亲就会对她很好；

如果不听，就会给予严重的处罚。

在这样的环境中，她变得没有了自我。更严重的是，父亲在女儿长大的过程中，并没有保持好距离。

这种难以处理的情绪，让她产生了一个心理逻辑：千万不能变漂亮，否则会被欺负，也会背叛跟父亲的爱。

那在本来就长得不错的前提下，如何才能变得不漂亮呢？当然，最好的办法就是吃胖，模糊掉自己的性别特征，只有这样，内心的那些负面情绪才不会湮没她。同时，也减少了其他异性追求自己的概率，从而固守在这样一个恋父情结中。

5

类似的案例，其实在心理专家曾奇峰的《幻想即现实》一书中，也曾提到过。

话说一个十五岁的男孩，有三大问题：

第一，严重肥胖。

第二，成绩永远倒数第一。

第三，老是喜欢跟女孩玩，不爱跟男生玩。

对此，母亲非常苦恼，前来咨询。随后发现，这个男孩的父亲常年出差在外，所以代表着父性力量的角色严重缺失。另外，男孩也有着比较深的恋母情结。男孩之所以越来越胖，是因为肥胖可以模糊自己的性别特征。

至于成绩倒数第一，没有学业优势，则可以避免被诱惑，使得自己可以滞留在原来的恋母状态中。而老是跟女孩玩，是因为他心里没鬼（男孩都会有意识地离女孩远些）。

总的来说，男孩固守在了人格发展的俄狄浦斯阶段，所以会选择拒绝成长，横向变胖——其潜意识在跟自己说，过去的那个我才是最好的，我要一直处在过去中。

6

据说，在奥地利的弗洛伊德纪念馆参观时，每个游客都会获得一枚纪念币。在币的正面，是弗洛伊德的头像，而币的背后，标注的正是"俄狄浦斯期"。

由此可见这个时期的重要性。从某种层面来说，正是因为常年深受恋母情结的困扰，弗洛伊德为了找到背后的真相，寻回内心的平静，才会不断探究人类的心理，继而在心理学上取得了如此大的成就，并最终成为现代心理学的奠基者。从精神分析的角度，零到一岁时是口欲期，一到三岁是肛欲期，再接下来，就是我们今天所提到的俄狄浦斯期，具体年龄在三到六岁之间。

对于一个孩子来说，在这个阶段，最重要的是要学会"合作和竞争"。也就是说，处理好跟父母间的合作和竞争关系。这个时候，孩子会存在一种很大的焦虑，害怕被同性的父母惩罚。比如女儿会害怕因为自己跟爸爸的爱，而被妈妈惩罚。同样地，儿子则会担心抢夺了妈妈的爱，被爸爸惩罚——精神分析称之为"阉割焦虑"。

如果这个时候，爸妈非但不惩罚孩子，还会持续地给孩子无条件的爱和接纳，就能成功地化解这份焦虑，让孩子学会竞争与合作，甚至形成以下一种健康心理：

（1）长大后变得像爸爸这么厉害，然后娶一个像妈妈这样优秀的女人。
（2）长大后变得像妈妈这么优秀，然后嫁给像爸爸一样厉害的男人。

其实，说到这儿我们似乎也发现了，如果夫妻关系不好，哪怕所谓的完整家庭，也会直接影响孩子的人格健康。比如常见的一种情况，女人在家里得不到老公的爱，然后把爱全部倾注于孩子身上，结果就会很容易导致孩子产生恋母情结。

7

还记得前不久我去一个老同学家玩。他家有一个快九岁的女儿，但身高明显偏矮，大概是六岁孩子的平均身高。

他们去很多医院看了，试过了中医和西医，甚至还去了美国找医生。医生普遍建议他们，赶紧给女儿打生长激素，这样下去可不行。对于生理上的原因，我不太清楚，不过在心理层面，我却发现了一些有意思的现象。

在他们家，妈妈是一个女强人，也是家里的经济支柱，而爸爸在家里则完全没有任何地位，基本上属于家庭"煮夫"的类型。女孩从小主要是爸爸带大的，而且一直到现在，她都是跟爸爸一起睡。有意思的是，如今孩子这么大了，很多时候并不是女儿缠着要跟爸爸睡，而是爸爸缠着要跟女儿睡。

说到这儿，大家可能会露出意味深长的一笑——很显然，他们家目前的关系并不健康，女儿之所以长不大，很大程度是不愿长大，因为长大后就会发育成熟，这样一来，就无法面对跟爸爸的关系了，无法面对爸爸对她的情感寄托，更无法跟爸爸同床了。

所以，以本人之拙见，要想解决孩子的身高问题，首先要做的，是让父亲早日结束跟孩子同床的生活，直面跟老婆的问题，找回自己的情感寄托，并努力提高自己在家里的位置。

要知道，如果任由这种病态的恋父情结蔓延，不但会持续伤害夫妻感情，还会直接影响孩子的成长，而且一旦恶果酿成，恐怕再多的生长激素也无济于事，受影响的将会是孩子的一生。

【家庭之问答】

来访者一：没有安全感

沈老师，我最近很焦虑，我不确定我老公在外面是否有情人，我只要看到他发微信什么的，就会认为他是在给情人发信息。这个怎么办？虽然我偷看过很多次他的信息，都没有发现任何问题，他都是和一些普通朋友聊天而已。我发现自己对他完全没有信任了，不知道怎样使这段婚姻继续下去。

回答：

嗯，这是一个非常有代表性的问题，往往发生在亲密关系中的女性身上，根本的原因不在对方，而是因为我们内在安全感的缺失，所以会不断地投射出焦虑、怀疑和恐惧。解决的方法就是提升自己的安全感。举个例子，一只羊跟一只狼生活在一个地方，它肯定时刻在担心，狼会不会吃掉自己——因为信任对这只羊来说是最重要的。

所以我们需要不断地让自己成长，让羊慢慢地变成老虎，或者大象。那时候，就是老虎或大象跟狼相处了。

这样，我们便不再是以信任为主要衡量点，而可能是以"两个人是否有共同的兴趣爱好、彼此成就的空间和共同的人生目标"等为主。

那么，如何才能把羊变成老虎，提升自己的安全感呢？一个简单的方法，就是每当我们出现害怕、痛苦、焦虑等情绪的时候，第一时间做一级情绪流动。比如闭上眼睛，感觉一下身体哪些部位在焦虑和害怕，化成意象或是内在小孩，然后慢慢地让自己平静。另外，我们也要知道，所有的安全型依恋者，她们的老公并不是一定不会出轨。

但她们相对没那么害怕，她们更可能会这样想，哪怕对方不忠诚了，也是对方的损失，如果对方背叛自己，她们也不会有太多的受害者情结，因为她们足够自爱，有足够的自信，去做一个自己人生的拯救者。

一般做这样的投射时，男人会更在乎她，两人之间的情感会更好。相反，当你带着害怕和不信任的情绪去相处的时候，男人也会慢慢变得不值得信任，两人之间的关系也会每况愈下。

【家庭之问答】

来访者二：男朋友心理

老师，我跟男朋友交往五年了，他还没有结婚的打算，我很苦恼。我想让男朋友画"房树人"，了解一下他的心理。我想问的是，如果一个人在画"房树人"的时候有所隐藏该怎么办？

回答：

房树人测试是目前国际上一套比较标准的、实用的一套心理投射法，最初用来检测自闭症孩子的心理状况。在长年的咨询工作中，我经常会让来访者做这个测试，整体来说比较准。

之所以会比较准，主要一个原因是它难以隐藏真实意图——除非你受过专业训练，非常清楚房树人这个测试的含义，否则一般的人都不可能隐藏真实的心理状态。要知道，这是一个图像思维测试，不是语言思维测试。

举个例子，有一个来访者，有社交恐惧症，我们一开始做了房树人测试。她很快就完成了画图，但非常奇怪的是，她的画中居然没有画人（如下图）。要知道，没有画人往往意味着有一定的抑郁自毁，乃至自杀倾向。

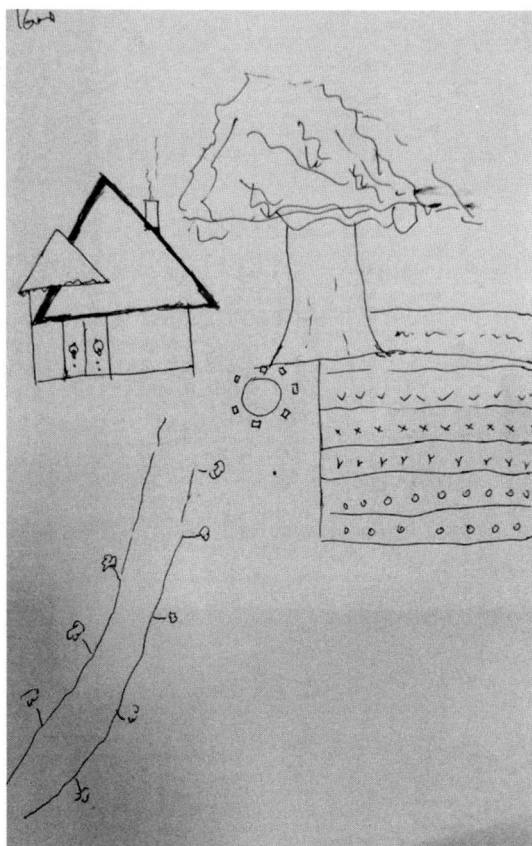

于是我问她，你是不经意地忘记了画人，还是没有听清楚我说过一定要画房子、树和人。她想了想说，是我没听清楚。然后我让她重新画一张，结果很快地，她就画好了（如下图）。

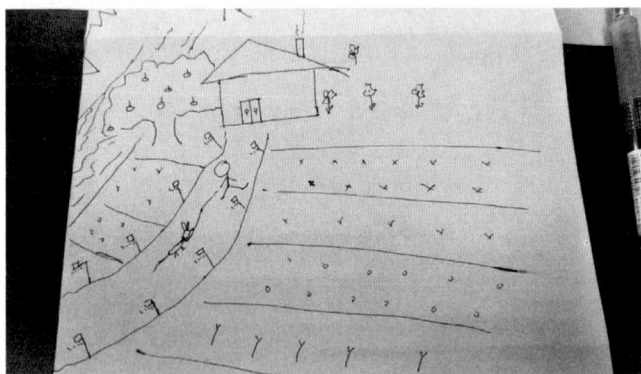

这张就明显是有意识地画了人上去，却恰恰印证了她确实有较大的逃避和自毁倾向。因为她画的人是朝着家里走去的，这说明她极大地排斥外面这个世界，急于逃避外面的世界。另外，她还画了一只狗，说明她比较孤独。

后来她也告诉我，确实有好几次，她因为工作和感情不顺的缘故，加上人际关系一直处理得不太好，产生过自杀的念头。

从上面这个例子中，你可以发现，哪怕是有意识地加了"人"，故意隐瞒内心的真实心理，但也很难真正掩盖。

【家庭之问答】

。。。
来访者三：第三者心结

万九老师，我跟老婆谈了两年恋爱，结婚十四年，有两个小孩。在我们刚认识半个月的时候，她还跟一个已婚男人纠缠不清，那男的生病时她还送药夜宿。后来那男的打电话给我，讲了不好听的话，我心里不舒服，放不下这事，受到了伤害，造成了阴影。我一直很爱我老婆，她人很好，我不想离婚。十几年来我一直心烦，还常想自杀。

回答：

结婚多年，还因为十多年前的事情耿耿于怀，甚至想到了自杀，可想而知，这个男人内心有多么痛苦和绝望。中国有句古话叫作"解铃还须系铃人"，一般像这种情况，并不是简单地因为婚姻或老婆关系，往往是因为在过去，尤其是童年时期，有过类似的经历，我们的痛苦被唤醒了而已。比如说有这么一个来访者，男朋友一旦跟女同事聊天或者聚餐出行，她就要发狂，歇斯底里，要求男人时时刻刻拍视频汇报情况。表面上看，她是担心男人有出轨的可能，真实的原因是，这唤醒了她初恋时候被抛弃的痛苦经历。

用通俗的话来说，她身上似乎有一个机器按钮，一按下去，过去的回忆就会唤醒，她自己会万分痛苦。而来咨询的男人也是一样的，身上也有这么一个情绪按钮。

所以，要想真正地解决这个问题，并真正完成心理治愈，我们需要从过去的亲密关系中寻求答案，也可能要从跟父母的关系中寻求解答。

在精神分析里，有一种常见的技术叫作"自由联想"，指的是每当你心烦和痛苦的时候，不要试着去躲避它，而是让这种痛苦流经你的全身，然后慢慢地联想一下，看什么样的画面，或者什么人在你大脑中闪现。只有找到了内心的根源，让之前的死能量被看到，拥抱它，才能更好地走出这个阴影。必要的时候，可以考虑找一位专业的咨询师介入。

【家庭之问答】

来访者四：守婚

请问沈老师，想了断一段婚姻是否需要很大的勇气?

我忍让了十几年，真的很累，不能容忍第三者插足的我在默默忍受。为了儿子就这样容忍下去会活得很累，但是离了又不舍得自己多年打拼的家当被第三者占去，不知如何是好!

回答：

你好，我非常理解你现在的痛苦。

十几年如一日，你默默地忍受着，受尽了屈辱和煎熬。但另外，我又觉得你在间接上包容、诱导、甚至助长了这种关系。

为什么这样说呢?

因为一个人明明知道是痛苦的环境,也愿意一直待着,不愿离去,往往是她在这段关系中获得的(潜在)好处远远大于坏处。

比如说有这么一个来访者,她老公经常打她,她很痛苦,但潜意识里她很享受和依赖这种关系。

可能跟这个来访者一样,我们也在无奈之下,"享受"着这样一种病态的关系。因为,比起没有人陪伴的孤独和分离带来的恐惧,痛苦也可以是一份陪伴和安抚。

就目前来看,虽然我们表面是维持着看似完整的婚姻,但对孩子的无形伤害可能更大,孩子可能会觉得我们过于软弱,也可能他会认同父亲,长大后进入亲密关系时也会出轨。

当然,如果我们真的下定决心走出这样一种病态的关系,也没有那么容易。

首先,我们需要先让自己的内心变得强大。其次,要找到新的情感寄托,懂得取悦自己——必要的时候考虑找情感陪护师或者是催眠师,重新建立起人生的支持，才有力量继续前行。

至于让分割后的财产份额更大化，是我们可以去争取的，只不过，我想提醒你的一点是，如果长期耗在一段痛苦的婚姻中，身体是一定会出问题的，甚至会出现严重的疾病——这是金钱无法衡量的。

那些阻挡 爱 的障碍

stop the love

CHAPTER 4
重建 自爱力

我们是苦痛，也是苦痛的救星。
我们是甜蜜、清凉的水，
也是泼水的罐子。

如何用三场景法

找到生命和幸福的脚本？

1

从前，有一只蜜蜂和一只蝴蝶。它们一不小心钻进了一个玻璃瓶里。这个瓶子是倒着的，瓶口向下，而且面朝黑暗，瓶底则是向上的，面向光明。

众所周知，蜜蜂是一种趋光动物，所以被困后，它就拼命地往上飞，往瓶底飞，朝它所认为的光明的地方飞。可不管尝试多少次，它都无法穿过瓶子。

蝴蝶一开始也是一样，拼命朝上飞。可当它尝试了几次之后，发现这个方向根本飞不出去，于是便尝试其他出口，直到找到最下面也是最黑暗的地方，顺利飞出，重获新生。

这是一则寓言，瓶口处的黑暗，象征着我们内心的伤口；瓶子外的阳光，象征着美好而自由的生活。

正所谓万物有痕，每个人的内心都有着或大或小的伤口，有些人看似在追逐阳光，奔向幸福，但他们却不敢触碰黑暗，不愿接纳内心的阴影，结果就这样，一辈子被黑暗束缚在狭小的瓶子里，再也感受不到阳光的美好，享受不到生活的自由。

这意味着，如果黑暗是拥抱自由的必经之路，那么伤口才是光照进来的地方。一个人，倘若无法慢慢接纳伤痛和阴影，哪怕再怎么用心追逐阳光，也难以逃脱伤痛的轮回。

2

正所谓人生如寄，世事难料，不管是爱情，还是家庭，抑或是多舛的命途，总会给我们带来各种各样的伤口：

爱情的伤，让我们失去追求幸福的勇气；
家庭的伤，让我们一次又一次陷入病态的轮回；
而那些人生路上的痛苦，更是让我们画地为牢，一直被困在阴影和梦魇之间。

我有一个来访者，广州人，跟她老公从大学起开始恋爱，毕业三年后结婚，一起经历多年风雨。两个人的工作都挺不错的，收入颇高，光鲜亮丽。他们本应该幸福美满，可万万没想到，就在他们准备要孩子的时候，却没法怀孕。他们去了好几家医院，做了各种细致的检查，可医生都说没有任何医学上的问题。后来，两人也吃了一些中药调理，但依旧无果。

可以想象，这个来访者承受着巨大的压力，本来就不太好的脾气，如今更是变本加厉，难以自控，跟老公的感情也江河日下，甚至闹到了离婚的边缘。奇怪的是，这本是一件让人痛苦万分的事，可在我们做咨询的时候，我却隐约感觉到，这份痛苦的背后，似乎藏着一丝坦然——好像今天这样的悲剧，才是她内心真正的追求。

果不其然，经过一番深入的了解，我发现这是一个极其可怕的轮回。究其根源，还得追溯至来访者的母亲。

因为身体的原因，来访者的母亲一直没办法怀孕，跟父亲原本甜蜜和谐的感情也开始每况愈下。后来实在没有办法，他们找朋友领养了一个婴儿，也就是来访者。

然而，这丝毫没有给这个家庭带来实质性的改变，父母的关系还是一如既往地恶劣，而且随着父亲年岁渐长，越来越渴望要一个亲生的孩子。

也不知从何时起，父亲出轨了，夜不归宿，直至在外面生了个私生子。

母亲非常痛苦，却又无能为力，只会把满肚子的怨恨撒到她身上。

可以想象，任何人在这样一个环境中成长，都是一场噩梦。对此，她把这一切归罪于"妈妈无法怀孕"，而这也成了她今后人生中最大的伤口。

更可怕的是，一个人一旦被巨大的痛苦吞噬，就容易重复在类似的场景中——这在心理学上叫作"强迫性重复"。

所以说，目前不能怀孕的局面，很大可能是她潜意识中一直在追求的。她想回到当时母亲无法怀孕时的场景，一方面是试探老公会不会像爸爸那样出轨，抛弃她；另一方面，因为她那时候还太小，不能改变当时的家庭境况，现在她长大了，有力量了，于是潜意识想回到类似的场景，试图改变一次。

值得补充的一点是，她在结婚之前就经常跟男朋友说"我未来可能怀不了孕哦"。其实在那时候，她就种下了一个负面催眠。这个强烈的催眠，让她的身体也做出了反应：怀孕不成功。

所幸，婚姻的红灯唤醒了她去真正地改变，去把这个可怕的心理逻辑给打破。不久之前，她告诉我，她终于成功怀孕了，已经有两个多月了。

由此可见，伤口是光照进来的地方。一味地回避，盲目地逃避，只会导致更大的问题，甚至形成可怕的轮回。只有打开并包扎好伤口，才有治愈的可能，光也就有了照进来的可能。

3

在日常的工作中，我经常让学员做一个叫"三场景"的心理练习：

（1）拿一张纸，写下你记忆中最深刻的三件事，或者三个细节也行。

（2）试着把它们完善，写下它们发生的时间、地点、环境和相关的人物，以及你在这三个情景中的身体感受和情绪体验。

其实，这个练习的目的非常简单。每个人在生命中都有一些难以磨灭的记忆，而印象最深刻的三个场景，很可能是最大的伤口。当然，让大家回忆出来，并不是为了在伤口撒盐，而是帮助大家正视伤口，把光放进来。因为这些伤口，往往是我们的命运脚本，决定了我们的人生轨迹。

我记得，曾有一个学员这样说，她印象最深刻的一个场景，是五岁多的时候去上学前班，因为学校有些远，所以每天都要很早出发，独自走一段很长的路。她非常害怕，而且冬天还会下雪，可谓寒冷入骨。

她的姐姐比她大好几岁，骑车上学，但不愿意载她。而最让她想不通的是，爸妈始终不愿意给她钱让她坐公共汽车。其实搭公交车的话，只要十分钟左右就到了。

那时候，其他同学每次坐车路过她的时候，都会嘲笑她，她每次都恨不得找一个洞钻进去。

正是因为这个伤口，在潜意识中，她一直藏有一份愤怒，觉得家人太过分了，根本不爱自己。同时，她又试图逃避这份情绪，把它压抑在潜意识里，因为她觉得恨自己的父母是不对的事。结果如你所料，任何的愤怒都不可能一直被压抑，时间久了，它一定会以某种形式浮现出来。

而这位学员的表现就是，一旦进入亲密关系中，就会变得小心翼翼，仿佛内心总有一面墙，别人进不来。倘若某人要硬闯进来，她就很容易歇斯底里和情绪失控。所以，她谈了好几次恋爱，结果都一样，男朋友受不了，选择了分手。

其实，要想解决这个问题，最好的办法是接受自己对家人的愤怒，而不是试图去压抑它，阻碍痛苦自由地流动。

在这个前提下，我们还做了一个"角色对话"：

让她自己扮演母亲，让另一个学员扮演她，然后观察她们怎么对话，怎么发泄情绪，怎么表达自己真实的感受。

经过几次对话后，她开始慢慢接受自己的父母并不是完美的父母，也理解了当年姐姐之所以不载自己，其实是因为害怕摔跤。由此一来，她内心压抑多年的死能量开始流动了。

4

著名的苏菲派神秘主义诗人鲁米,有一个叫夏姆士的恋人。他们相爱相惜,可以说是灵魂伴侣。然而突然有一天,在奔赴约会的路上,夏姆士却无故失踪了——据说是被鲁米的儿子安拉尔丁杀死了。

悲剧发生后,鲁米并没有在伤痛中沉沦,而是将失去夏姆士的痛苦,转化成了潮水般的创作力,开始写诗。很快地,他便名声大噪,声名远扬,其作品更是给后世带来了巨大的影响。他的做法也印证了他那句著名的诗:

"伤口是光照进内心的地方。"

同样地,心理学家武志红在念大学的时候患上了严重的抑郁症。在经过两年多暗无天日的时光后,他终于从抑郁症中走了出来,从此一心钻研心理学,让光照进伤口,如今成了国内心理学领域的代表人物,照亮着无数的男女和家庭。

让我们再把时间退回到1919年,美国的某个农场,一个十七岁的少年不幸全身瘫痪,除说话和眼睛能转动外,不能做任何事情。少年的妈妈一连请来了三个医生,可诊断结果都一样:"你的儿子没指望了,活不了几天,就算能侥幸存活,也会终身瘫痪!"

可万万没想到的是，凭借着自己坚定的意志，少年不仅成功地活了下来，更是在几年之后，坚强地站了起来，甚至拥有了运动员的体质——某个夏天，他仅仅靠一艘独木舟，外加一些干粮和盘缠，便独自畅游了美国最大的河流——密西西比河。

毫无疑问，少年的康复堪称一个医学奇迹。可这个奇迹之所以能够产生，并不是靠传统医学，靠的是他不断地自我催眠。面对命运的不公，他没有放弃自己，而是努力把伤口转化成了勇气和力量，并慢慢地成就了自己的光——他就是20世纪最传奇的催眠治疗大师米尔顿·艾里克森。

艾里克森曾这样说："命运的车轮会碾过我们每一个人。每个人都会经历心碎，但重要的是，这破碎是让你的心打开，朝向外面更大的世界，还是让你把自己封闭起来。"

确实，对于人生中突如其来的伤口，我们大可以怨天尤人，像鸵鸟般逃避和忽视，或是如祥林嫂般四处哭诉，甚至愤怒到想把全世界给毁掉。但同样，我们也可以选择勇敢面对，把伤口打开，让阳光照进来，直到伤口慢慢愈合，并从中绽放出生命中最灿烂的花朵。

内在父母和小孩：
改变性格和重塑命运的关键

1. 好命还是坏命？

不管是在苦累繁杂的工作中，还是在寻寻觅觅的爱情里，抑或是在似水流年的追梦路上，我们总以为，茫茫人海中，能出现在生命中的人，都是机缘巧合、命中注定。

如果我们总能遇见贵人，好的爱人或朋友，那就是好命。反之，就是命不好，就是厄运连连。更有些人觉得自己是所谓的"克夫命""穷苦命"，甚至是"天煞孤星命"。

可事实真的如此吗？

冥冥之中当真有一只手摆布着我们的人生吗？

其实，一个人的命运可能并不是早有注定，而是由自己的潜意识所决定的。具体来说，是由每个人的关系所决定的。

然而，其中的原理到底是什么呢？我们先来看一个故事，这是心理学家武志红接触的一个真实案例。

2."我的命就是不好"

老何是广州一家民营企业的老板，他的口头禅是"我的命就是不好"。他为什么觉得自己命不好呢？

如果你只是看他的现况，似乎毫无争议。因为他不但有钱，口才也很好，但是偏偏娶了一个很丑的、看起来也没什么素质的老婆。他感觉这样的老婆带出去很没有面子，所以结婚多年，夫妻关系一直特别恶劣。他几乎每天都会数落老婆，有时候甚至还会打老婆。

另外，他在外面有一个漂亮的情人，情人很爱他，不但知书达理，工作能力也不错，跟他的老婆恰恰相反。最让人不解的是，他认识这个情人的时间，要比认识他老婆早很多。

咨询师问他，那你干吗不离婚，然后跟你的情人双宿双栖、共结连理？

多好啊!

他说，你以为我不想啊，都是命不好，每次准备离婚，总是会出现一些意外，比如最初想离婚却碰到老婆怀孕；第二次计划离婚，却碰到家里办丧事；后来又因为生了二胎……总之是没有合适的时机。

他还说，当初他跟老婆是相亲时认识的，老婆家有四个姐妹，都是单身，那时候也都在相亲，可偏偏朋友介绍给他的，就是四姐妹里最丑的那一个。

而且更要命的是，他居然还阴差阳错地答应了这门亲事。

所以，他反复地强调说，真是命苦啊!

从心理学的角度来说，一个人的口头禅，往往是他生命中重要的隐喻。

对此，咨询师对他进行了深入的发掘，随后发现，这个丑妻正是他内心真正需要的。因为从小到大，他家里都非常穷，而他长得也很丑，常年遭受嘲笑和恶作剧。

他非常讨厌自己。长大后，他非常努力，后来创业成功，有钱了，见识广了，越来越有魅力了。可骨子里，他还是很自卑，潜意识里他不愿意娶一个漂亮的女人，而是要找一个特别丑特别自卑的女人。

这个丑女人，其实就是他从小就非常讨厌的那个自己。这也是为何他一直对老婆不满，因为老婆就是他的"坏我"原型。他需要这样的一个"坏我"，跟他的"好我"成为一体，这样他才会觉得完整。

从这个案例中我们可以看到，老何所谓的命不好，娶了个丑老婆，并且长期活在一段病态的关系中，其实是因为这是他内心真正的需要，是他的潜意识做了自认为正确的选择，继而造就了他的命运。

3. 内在的父母和小孩

总的来说，一个人过往的关系，尤其是六岁前的关系，形成了一个人的性格。而这种性格，又会不断地在新的关系中呈现，继而决定了我们的命运。

说到这儿，可能有的朋友要问了，过往的关系是怎样形成性格的？其实，一个人和他"最初身边的人"所构建的关系，会内化到一个人的内心深处，成为一种内在的关系模式，这就是性格或人格。

所谓的"最初身边的人"，按重要程度排序可能是妈妈、爸爸，或是使婴儿满足的其他人或事物，比如爷爷奶奶、外公外婆、兄弟姐妹、宠物和一直陪伴你的公仔等，他们都可以称作重要客体。

在性格形成之初，每个人的重要客体都有很多，但父母是最重要的，所以内在关系模式可以简单一点理解为内在的父母和内在的小孩之间的关系模式，也就是性格了。

一个人的性格一旦形成，就会不断地在新关系中寻求他的内在关系模式，并投射到新关系中，想把它变成符合他内在关系模式的关系，也就是他六岁前和父母等人建立的关系模式。这就是所谓的"强迫性重复"，也可以俗称为轮回。

说到这儿，有些朋友可能会在内心冒出一丝绝望，说怎么办啊，过去的家庭都不是自己能够决定的啊，而且都已经发生了，那岂不是人生无望？

正如有一句话所说：幸福的童年治愈一生，不幸的童年用一生来治愈。但其实，这句话只说对了一半，因为创伤是可以治愈的，而且不需要一生这么漫长。

4. 如何破除轮回，重写命运？

虽说江山易改，本性难移，原生家庭的影响极其深远，每个人的性格确实不太容易改变，轮回也容易一再呈现，但并不是说没有打破的可能。

因为一方面，在新的关系中，比如说谈恋爱和结婚，每个人都想重复自己的内在关系模式，所以两个人会持续地进行较量、博弈、磨合，最终可能形成新的关系模式。

另一方面，通过读书、上课，以及滋养型的亲友或者咨询师的介入，都可以帮助我们认识自己的内在关系模式，始终保持一份觉知，长此以往，就能帮我们走向改变和治愈。

总的来说，最初好的关系，可以滋养心灵，帮助成长，继而形成一个好的性格和人格，随后造就我们更好的命运。

相反，过往所构建的病态关系，必定会形成一个相对不健全的性格，让我们的命运总是陷入痛苦的轮回中——除非我们对此有所觉知，并且主动去打破它，否则很可能一辈子都陷在类似的泥潭中。正如那个总会爱上丑女而不自知的老板，把自己潜意识中的选择当作一种无常且无法抵抗的命运。

关系咒语：

如何转化负面的情绪和生命的苦痛？

1

前阵子，我去听一位老师的课。

讲课的是一位年近七十岁的老头，来自美国，享誉全球，在他所研究的领域，堪称一代宗师。当然，课程的费用也高得惊人，一次培训下来就要三万多，还不包吃住。即便这样，还是有全国各地的朋友不远千里，慕名而来。

课程的内容非常丰富，持续了一周，但其实也彰显了大道至简的精神，全程下来，基本上可以用两个字概括：欢迎。

具体来说，在面对任何负面情绪和问题时，都可以默念以下四句关系咒语，帮我们创造性地接纳并转化生命中的死能量：

（1）那很有趣。
（2）我很确定那一定是有道理的。
（3）感觉体内的某种东西正在苏醒（或是治愈）。
（4）欢迎。

2

说到这儿，可能有些朋友要纳闷了：不会是个大骗子吧？怎么这么简单呢？众生皆苦，人生多难，有什么好欢迎的？两个字能说明的东西，到底藏着多大的心理能量？

其实，这里所谓的欢迎，可以说是一份处变不惊的哲学和转危为"礼"的心境：

欢迎人生中的大变化，也欢迎身体中的小情绪；
欢迎丰盛美丽的春华秋实，也欢迎猝不及防的夏雷冬雪；
欢迎"心有灵犀一点通"的甜蜜，也欢迎"恨不相逢未嫁时"的悔恨；
欢迎从前、往后，喧嚣、孤独，因与果、得与失、生与死……

总之，"身入凡尘，与光同尘"，学会打开身体，拥抱生命，时常怀有一颗顽皮之心，欢迎生命中的一切。

在一次次的"欢迎"声中，保持孩子般的好奇，引导出智者般的对话，并试图感觉内心的某些东西正在苏醒，然后对它们说：
欢迎！

3

众所周知，如此境界，仿佛是成佛之人，或是入道之圣，确实不容易——没准文章读到这儿，有些朋友已经要吐槽了，这算什么东西，还不如多喝几碗鸡汤呢。

但就个人的体验而言，面对繁杂万千的苦痛磨难，每一次的欢迎，都可以让我更快地调整过来，恢复元气，继而感受到一份平静的力量。

这份力量，足够让我从容地面对接下来生活的变化，比如我眼下最大的变化，就是要换一座新的城市，离开这个待了近两年的地方。

不得不说，这座小小的城市给我的人生带来了很多有趣的体验，比如职业的分水岭、梦想的推动，以及对挚爱的笃定。

当然，也包括一些简单而世俗的美好，比如双皮奶、陈村粉，以及一鱼三吃的无骨鱼和一栋理想的风水极佳的住所。

了解我的朋友都知道，因工作的缘故，在过去的五年里，我走马灯似的换了四座城市。

从喧嚣繁忙的东莞，到美食之都广州，再到人间天堂杭州，直至现在的特色小镇北滘，不管是主动还是被动的变化，每一次的欢迎，都让我更加坚定地热爱生活和追逐梦想。

所以，对于即将入驻的下一座城市：
欢迎！

4

著名的德国哲学家黑格尔曾说："存在即合理。"

也就是说，任何事物，之所以来到我们面前，都是合乎情理的——无论这个事物戴的是魔鬼的面纱，还是天使的面具。

所以，面对这样的一种合理，多一份欢迎的心态，才能多一份理解、坦然和接纳。而这一切，才是改变的原动力。也正如人本主义之父罗杰斯所说："一个人越被充分地理解和接纳，他越容易摒弃那些他一直以来用来应付生活的假面具，就越容易朝着未来的方向改变。"

现代催眠之父米尔顿·艾里克森，曾帮助过无数人应对幻肢痛。所谓的幻肢痛，指的是当一个人不幸失去其一条肢体后，哪怕是痊愈后，他依旧会感到失去的肢体那里痛得厉害，仿佛肢体还在一样。

这种疼痛通常不会对药物起反应，也很可能会一直痛下去。

对此，艾里克森不但引导他们接纳这份疼痛，还在催眠中暗示对方在那一条肢体上感受"幻肢享乐"，其中的原理就是，欢迎已经存在的任何事物，然后开始改变它的地点、时间和意义。

遥想当年，一介草民刘邦欢迎项羽的鸿门宴，平安渡过大劫，而后称霸天下，并一举开创了大汉王朝。

唐宋八大家之一的苏轼"欢迎"被贬，保持初心，寄情山水，而后造就了一个惊艳了古今风月的有趣灵魂。而两千四百年前的古希腊圣贤苏格拉底，更是用生命欢迎毒酒，捍卫了信仰，无愧为西方哲学的奠基者。

由此可见，人生如寄，起落无常，以欢迎之心，方能渡万事之劫；借欢迎之力，终可养安宁之心。

5

有位著名企业家曾说："我用望远镜都找不到对手！"此话一出，一片哗然，大家觉得他太狂妄了，企业不过是做大了一些，在福布斯富豪榜上不过是排前了一些，人就这么膨胀了。

但其实这是一种误解，他真正的意思是，他一直要找的是学习的榜样，而不是竞争对手，所以欢迎任何对手，对手本来就是前进的动力，"心中无敌，才能无敌于天下"。

要知道，跟欢迎所对应的，往往是排斥、纠结、嫉妒、看不惯……可想而知，这些都是伤人害己的敌意。

一个公司，但凡少一些敌意，多一些良性的竞争，自然会更强大一些。正如一个人少几分怨恨和敌意，多一些爱和慈悲，也会更宽广和自由。

相反，如果一个人在公司里看不惯同事，在家里看不惯老公，在路上看不惯超短裙，在朋友圈里看不惯晒旅游的人……可想而知，这个人会过得多么痛苦。

而且最重要的是，从心理学的角度来看，人喜欢玩投射的游戏，一个人看不惯他人的背后，很大程度是看不惯自己的"某个阴影面"。不欢迎别人的背后，往往也是不欢迎自己的某一部分。要知道，自己是本，是源，所以哪怕有再多外在的欢迎，也抵不过我们对自己的认可。

比如说国外某女星，在红遍全球之后，突然就迷失了方向，有一天甚至剃光脑袋跑到大街上大哭大叫，对孩子也是不闻不问，直至被送到精神病治疗中心。盖因从小到大，这么多年，她都在迎合妈妈的期待，去做一个歌手，做一个千万人追捧的明星，唯独忽视了内心那个最真实的自己。

然而，自己才是一个人最大的粉丝，一旦失去了，哪怕有千万个粉丝的追捧，也换不回来我们对自己的认可。

所以，永远别忘了，对这个世间独一无二的你，伸出双手说：
欢迎!

6

时间荏苒，转眼间，一年就已经过去了四分之一，春芳散尽，暑意渐浓，南方的夏天总是来得特别早。那么，对于接下来的岁月年华、苦痛挫折，以及爱恨情仇，你又会以一种什么样的姿态去欢迎它们呢?

对我来说，或许是新书上市的延迟，或许是亲朋好友的老去、远去，也可能是追梦路上的障碍和挫折……不管如何，相信我们每个人都可以在一阵阵的欢迎声中，安稳地活到年末，并收获一段丰盛而富有成长性的时光，正如过去的每一年一样。

7

每个生命最初光临这个世界的时候，他们最想听到的和看到的，不是

"谢谢"，不是面无表情的茫然，更不是因为不是男孩而按捺不住的嫌弃，而是一声充满爱意的"欢迎"。

当然，婴儿最想感受到的，就是父母尤其是妈妈的欢迎。对他们来说，父母代表着全世界。而这份无条件的爱，才是最珍贵的、足以影响孩子一辈子的礼物。

所以，如果你的成长路上恰好有这么一个欢迎的声音，那确实弥足珍贵；倘若没有，也没有关系，我们已经长大了，我们还有自己——这个世界上最特别的存在。

对于这一趟有限且珍贵的生命之旅，就让我们放下所有无谓的期待，以满满的爱和一颗赤诚的心，无比深情地对自己说一声：

欢迎!

爱的缺失和失衡，
构建了第三者的悲剧人生

如果说爱情是一个永恒的话题，那么，第三者则是一个永远绕不过的主题。

因为每一个人在爱情中，都可能遭遇诱惑。

一旦受到诱惑，许多人都不是柳下惠，能够坐怀不乱，更多的会像无根的稻草，一扑就倒，轻易缴械投降。

更要命的是，这些第三者可以是同学、闺密、下属、邻居、老师，甚至是某个早餐店的小妹……他们轻则让你的甜蜜爱情蒙上阴影，重则让你的幸福家庭土崩瓦解。

一般来说，第三者来袭，所图之物无外乎是名、利、钱、爱、性……但有的第三者，却似乎什么也不图，天生地放荡不羁爱拆墙。那么，在他们的背后，到底藏着一种什么样的，哪怕是自己也不知道的心理?

我有一个来访者，名叫小丫（化名），深圳人，前不久被分手，痛不欲生——她当真是想要自杀。因为她觉得，这一辈子都不会有人爱她了。但其实，她不但长相甜美，亭亭玉立，而且年轻得很，目前大三在读，过往谈过三次恋爱：

她的第一个男朋友是位军人，两人在她大一的时候在一起。男朋友比她大五岁，异地恋。

第二个男朋友是通过漂流瓶认识的，三十多岁，后来她发现男朋友早就有老婆了，遂分手。

第三个男朋友，也就是刚刚分手的那个，同样是通过漂流瓶认识的（看来她是真的爱漂流啊）。男朋友是一个医生，大她十二岁。

和第三个男朋友交往一年后，她发现对方原来还有其他女人。然后，她就跑去跟对方的女朋友对质，结果被男朋友痛骂一顿，随后宣布分手。

说到这里，有的朋友可能发现了，在这三段失败的恋情里，有两个共同点：

1. 男朋友都比大她很多。

2. 对方其实在"劈腿"，她所扮演的也一直是第三者的角色。

为什么会这样呢？

这到底是一种人生的巧合？还是一种无意识的必然？

经过一番了解后，我们发现，在小丫读中学时，她的爸爸就一声不响地离开了家，跟其他女人私奔了。在缺爱中长大的她，一直希望找个像爸爸这样的男人，以寻回从小就缺失的父爱。

这也是她找的男人岁数都比较大的原因。

另外，她爸爸是因为第三者而离开了她妈妈，所以她在潜意识里可能形成了这样的心理逻辑——要想得到爱情，就不能做正房，要做第三者。

对于这个分析，她非常认可，但也提出了一个异议，说第一个男朋友没有其他女人啊。我一开始也觉得纳闷，直到后来才发现，她的第一个男朋友很喜欢打游戏，在游戏里面有很多"老婆"。

如你所知，这其实是另外一种形式的女朋友。

值得思考的是，为什么小丫这么爱玩漂流瓶？为什么后两个男朋友都是通过漂流瓶认识的？其原因可能是这样的：

首先是安全感的缺失。从小到大，小丫身边的亲密关系就很不稳定，她妈妈后来也改嫁了，所以她对身边的人缺乏信任，存有敌意，不太容易变成恋人。

至于第二个原因，则更加有意思，她老家是在河南，可大家都说，她父亲当年离家而去，是跟第三者去了内蒙古。也就是说，她当年渴望的"爱人"一直就在千里之外。

这就是她为何总爱通过漂流瓶去认识远方异性的原因。

总的来说，小丫的爱情悲剧看起来有些偶然，但其实藏着很多的必然。她总会在潜意识的推动下把自己变成第三者——看似无意，其实有心。从某种程度上来说，这也是"上瘾"。

比起小丫，有些女人的瘾症则更为严重。她们在最初认识某个男人后，并不觉得对方怎么样。可一旦知道男人有另一半，而且还非常相爱之后，她们会像突然被打开了心扉一样，迷上对方。

这正好反映了一些女人第三者成瘾的心理，她们渴望的恰恰是三角恋本身，是跟男人的"正房"一决高低，胜负心替代了爱情，而且最要命的是，一旦战胜了对方，她也不愿意收留战俘。

之所以会形成这样的心理，往往有以下两种原因：

第一种：父爱的严重缺失。

这种情况一般发生在单亲家庭，父母在孩子小时候就离婚了，孩子跟妈妈，而且离婚的原因是因为有第三者的介入。父亲离家后，剩下孤女寡母相依为命。对此，大多数的母亲都不会坦然接受，而是会像祥林嫂一样跟女儿哭诉。更坏的一种可能是，每当女儿问起父亲的时候，母亲甚至会动手打女儿。

长年下来，女儿就会形成一种病态的心理："父亲跟第三者走了，父亲爱的是第三者。我也想做第三者，去找回童年缺失的父爱。"

当然，还有一种情况就是，婚姻并没有破裂，父亲也没有离开，但结果也好不到哪里去。

父亲在外面一直有女人，母亲也一直忍受着父亲的不忠，不敢反抗，也不愿意离婚。但母亲肯定需要找一个出口，而女儿就是这个出口，母亲会一直跟女儿抱怨父亲对家庭的背叛。

这样的环境下，女儿同样会产生一种病态的恋爱观，她会觉得作为妻子的母亲得不到爱情，真正的爱情属于第三者。所以长大后，她就会偏爱做第三者。

在《为何爱会伤人》一书里，作者分享了一个有代表性的案例。

悦悦是一个著名媒体的记者，年轻漂亮且才华横溢，但她有一个第三者的梦想：

"我想找这样一个已婚男人，他帅气又有才华，最好还有一个女儿。我接近他，他爱上我，并和妻子离婚。而且女孩不要判给妈妈，要判给爸爸。女孩一开始恨我，非常恨。但是，我也很爱这个女孩，并且付出了巨大的努力，终于获得了她的爱和认可。最后，她爱我这个后妈，胜过爱她的爸爸和妈妈。"

在过去的五年里，悦悦已经有过两次三角恋了，而且对方都是已婚，并且最重要的是，都有一个女儿。

她说，有一个女儿是非常重要的条件，如果没有女儿，她不会跟他们纠缠。试问，这个女儿象征着什么呢？其实就是内在的那个她。而这个后妈则象征了悦悦的母亲。因为小时候，爸爸出轨了，母亲一直对她很不好。母亲还说，爸爸出轨是因为她是女孩，不是男孩。所以，小时候的她一度怀疑自己的母亲是后妈。正因如此，长大后的悦悦才会渴望成为第三者，而且还想当后妈，一方面是找回缺失的父爱，另一方面是修复跟母亲的关系。

第二种：爱的严重失衡。

除了父爱的缺失之外，还有一种常见的原因：爱的失衡。如果说以上的情况是因为父母关系不好，甚至是彻底破裂所导致的，那爱的失衡，则往往发生在看似幸福的家庭中——爸爸和妈妈的感情很好，爸爸也没有外遇。

但为何这样的家庭也会造成病态的第三者成瘾呢?

要解释这种情况，我们需要先了解一下俄狄浦斯情结。俄狄浦斯是古希腊的一个杀父弑母的神话人物，该情结是精神分析之父弗洛伊德提出的，意思是说，孩子在三到六岁的时候，对异性父母的爱达到了最高的阶段。

如果在这个阶段，孩子的爱没有得到满足，甚至完全被忽视，那孩子就会总是处在一种饥渴的状态，渴望获得异性父母的爱，并且跟自己的同性父母抢。

也正因如此，她们很容易形成第三者情结，喜欢做第三者。

如果是家里有几个姐妹的女孩，并且父亲更爱另外几个姐妹的话，那这个女孩除了要跟妈妈抢父亲，还要跟姐妹抢，那么她的第三者成瘾就会更加严重。

由此可见，爱的缺失和爱的失衡，是第三者成瘾的根源。童年的家庭环境对成年后的恋爱观有着极大的影响，甚至可以说是不经意地贯穿了我们的一生。

不过话说回来，如果一个女人，因为没有认识到自己有第三者成瘾症，总在不经意间遁入轮回，为了所谓的爱去破坏别人的家庭，那还是情有可原的。但如果已经知道了问题的所在，可还是不愿意放弃不该爱的人，那就是自身的问题了。

比如说有些第三者会自我辩解道："我也没办法啊，都怪我小时候，我就是爱这样的男人，对其他男人没任何感觉。"

要知道，不管童年受过怎样的伤害，我们都已经长大成年了，已经有能力为自己的行为负责。这也意味着，我们没有任何理由怪父母，把责任推脱给家庭了。追求违背道德的感情就算能图到一时的欢乐，最终换来的一定是更持久的伤痛。

大象和木桩：

如何打破习得性无助，扔掉过去的枷锁？

1

很久很久以前，在某个马戏团里，有一头公象被绑在了木桩上。其实，以象的力气，完全可以挣脱绳子，甚至将木桩连根拔起，重获自由。可遗憾的是，十几年来，公象从未尝试过哪怕一次。

有一天，一头雌象路过马戏团，对公象一见钟情。很快地，它们就坠入了爱河。

"你怎么不试试挣脱绳子？"雌象疑惑道。每次表演完，公象就会重新被绑在木桩上，雌象看着心疼。

"没用的，这就是我的命，一头象是无法跟命运对抗的。"公象摇头道，"要不……要不你留下来陪我吧？"

就这样，雌象苦劝多日，动之以情，晓之以理，甚至主动上前又拉又拽的，可都无济于事。因为公象的力气很大，它依旧固守着木桩，神色凄楚，仿若心死。心痛之余，雌象最终选择了放弃，黯然离去。

看着雌象渐渐模糊的背影，公象忍不住潸然泪下。可即便如此，它还是一动不动地立在原地，内心充满着无尽的悲凉和怨恨，怨恨命运的不公，也怨恨雌象的薄情和背叛。

2

看到这儿，可能有些朋友要问了，为什么会这样子呢？
难道它真的是一头笨到无可救药的公象吗？
哪怕是爱情，也没有办法拯救它的智商吗？

其实并不是，真正的原因需要追溯到公象的童年。当它还是小象时，就被卖到了这个马戏团，被绑在了这根木桩上。那时的它，也曾拼命地挣扎过，哭天喊地，用尽全力，却因为力量有限，每每徒劳无功。

也不知道从何时起，它开始彻底地麻木了、习惯了，继而放弃了。因为它认为，它这辈子都挣脱不了这根绳子所带来的命运。

但它却忘了，木桩还是过去的那根木桩，绳子也还是过去的那条绳子，一点都没有变化。真正有变化的是自己，这么多年过去了，它早就长大了，有力量了，力量大到足以冲破枷锁，重获自由——可是它却再也没勇气去尝试了。

这是一则让人感到悲哀的寓言，而在生活中，我们处处都能看到这样的人。他们受制于过往的逻辑，受锢于童年的枷锁，始终煎熬于过去里，却忘了自己早已长大，手臂已经变粗，大腿已经变壮，已经完全有了新的力量。

对于类似的情况，心理学称之为"习得性无助"。具体指的是，一个人因为过去的经验和体验，形成了惯性思维，学会了无助，放弃了对抗，彻底地向潜意识认同的命运屈服了。

所幸的是，这个世界还有一些人，不管在成长的路上遇到多大的挫折，他们都不会画地为牢，而是会化悲痛为力量。他们敢于面对过去，改变习惯，打破轮回，抓住哪怕一丝的机会，冲破枷锁，勇敢地活出自己。

3

前不久，一个漂亮的来访者跟我说，她虽然工作很忙，家务繁杂，带孩子也累，可还是会无缘无故地幻想出轨其他人。为此，她非常痛苦，觉得自己愧对老公、孩子，也愧对这个家。

一开始，我以为是她的老公曾出过轨，伤害了她，所以她产生了心结，选择用这样极端的行为去报复。但事实上，在老公出轨之前，她就有勾搭其他男人的意思。

更有意思的是，在恋爱的时候，她就喜欢劈腿，不管男朋友有多好，跟她有多甜蜜，她总爱红杏出墙。为此，男朋友还跟其他男人大打出手，光医院就进过几次。

随着咨询的深入，她慢慢打开了心扉，我们也随之找到了根源。

六岁那年，她父亲出轨，抛弃妻子，离家出走。这让她非常痛苦，但她并没有责怪爸爸，反而是恨妈妈。因为在爸爸出轨前，妈妈就对感情不忠，跟其他男人勾搭在了一起。

也就是说，要不是妈妈当时的不忠，爸爸也不会走。

所以，她想重新回到当年的那个场景，通过自己的不忠来测试老公会不会离开，会不会像当年的爸爸那样抛妻弃子。这种情况在心理学上被称为"强迫性重复"，意思是人们会主动地追求一些过去的情景，特别是刻骨铭心的场景，不断去体验其中的一些感受。在这个强迫性重复的过程里，我们的目的是获得新的可能性，去治愈最初的痛苦。

问题是，如果一个人对于过去没有觉知，这种强迫性重复只会带来无尽的痛苦，甚至还会把这种重复延续到下一代——所谓的世代轮回。因此，一个人只有"改变"过去，才能真正地成长，并告别强迫性重复，继而打破这种可怕的轮回。

4

佛曰："过去种种譬如昨日死，今日种种譬如今日生。"

看似简单的一句话，其实蕴藏着无限的深意。繁杂尘世，阡陌千行，有多少人没有放下过去。昨日的伤痛，依旧没有翻篇，而是如同梦魇般，不断地纠缠着我们。

比如中国台湾的某位作家，年少时遭受性侵，痛不欲生，一直没办法放下，多年来被痛苦吞噬，难以治愈，直到结婚后选择自杀。同样地，一个美国作家，也曾遭遇过类似的情况，可她却很好地接纳了这份痛苦、这段悲惨的过去，并把它转化成动力，如今活得如鲜花般灿烂。她其实就是"改变"了过去，也因此有了未来。

我在《心理访谈》节目里，曾看到过这么一个来访者，二十九岁，相亲了十几次未果，万念俱灰，然后想去整容，因为她认为相亲失败的原因只有一个：长相。但从客观的角度去看，她的五官其实一点都不丑，就在现场，化妆师给她简单地打扮后，立马让人眼前一亮。所以真正的丑，其实是源于内心的感觉。

她九岁那年，家里来了客人，妈妈让姐姐表演唱歌，并且赢得了阵阵掌声。这时候，她主动上前，跟妈妈说她也要唱一个。可没想到的是，一向偏心的妈妈居然当着大家的面断然拒绝，说她唱歌像鸭子，难听死了，还是别丢脸了！

正是从那天起，一直到二十多年后的现在，她再也没有唱过歌。妈妈的这份不认同，给了她深深的催眠暗示：你是一个非常丑陋的人，是不值得别人爱的。最可怕的是，她也接受和认同了这份暗示，然后在长大的过程中，在跟人相处时，总是会传递出这样一个信息：我是不美的，我很丑，我很自卑。

试问，这样的人怎么可能相亲顺利呢？又如何去拥有自己的幸福？所以，只有真正地改变这个过去，对这份记忆重新解释，对这份伤痛再次包扎，她才能获得成长，接纳现在的自己，继而拥有自信而灿烂的明天。

5

不管是在感情中，还是在生活里，抑或是在工作中，都有许多人一直就活在过去的阴影里。

小时候的伤，长大后依旧在默默淌血。

失恋后的痛，化成了"天下乌鸦一般黑"的恨，对恋人不再信任，不断地测试底线，寻找所谓的安全感。初入职场的碰壁，磨平了"海阔凭鱼跃"的锐气，开始变得世故圆滑，麻木不仁，明哲保身，浑浑噩噩。我们想当然地认为，过去早已随风而去，被尘埃埋葬。但其实过去一直留在心里，侵入骨髓，被压抑在了潜意识里，继续影响着我们，让我们一次又一次地在爱情、工作乃至逐梦中重蹈覆辙，却浑然不觉。

诺贝尔和平奖得主德斯蒙德·图图曾说："时间不是治疗心灵创伤的良药，宽恕和接纳才是。"

确实，真正的成长，需要"改变"过去，改变对过去某个伤口的包扎方法，改变那些无意识的防御和挣扎——必要的时候，也可以寻求咨询师的帮助。也只有这样，一个人才能重新书写命运，打破轮回，继而真正去拥抱一个自由而丰盛的人生。

一元、二元和三元关系：

走向心智成熟的三个分水岭

有这么一个心理测试，很有意思：如果上帝突然出现在你的面前，答应为你定制一个天堂，你可以拥有任何你想要的东西。

那么，你会如何去构建这个天堂？

有的男人想要的是一座海边别墅，里面有尝不完的美食，喝不完的美酒，花不完的钱财，更有绝色佳人相陪，夜夜笙歌，醉生梦死。

有人则把天堂打造成一个温暖的山间农庄，"春有百花秋有月，夏有凉风冬有雪"，而那个最爱的人，始终陪在身边，日出而作，日落而息，慢慢地哼着歌沐着风变老。

还有的朋友认为，什么样的房不重要，最重要的是跟亲友们在一起，有父母、儿女、知己、闺密，有烧烤摊、足球场、手机、网络……

每个人的天堂可能都不一样，但其本质上都跟以上的三种类似，因为它们分别代表着三种不同的关系模式。心理学家武志红把一个人的内在关系模式分为一元、二元和三元关系。它们分别具有不同的特点。

一元关系：

指一个人只看到自己，只关注自己的感受，完全以自我为中心，别人都是他意志的延伸。或者是，他只看到了另外一个人，寄生在另一个人身上，完全以别人为中心。

二元关系：

指一个人意识到，另一个人是和自己一样的独立存在，有自己的感受和意志。他能体会对方的感受，也能够尊重对方，正如在那个天堂里，选择跟自己爱人依山而居的朋友。

三元关系：

指一个人能意识到关系的复杂之处。在复杂的关系中，他能同时看到"我""你"和"他"三个人的感受和意志，并且尊重这个复杂关系中的竞争与合作。

精神分析学认为，一个孩子六岁前的成长，可以分成三个阶段。有意思的是，这三个阶段跟上文所说的一元、二元和三元关系是对应的：

一元关系：共生和剥削。

从心理学的角度来看，六个月前的婴儿处在共生期，他们觉得自己和妈妈是一体的，还在妈妈的肚子里，甚至觉得自己和整个世界都是一体的。

不幸的是，这样的心理状态，在成年人中也会存在，例如某些富二代，从小在家里百般受宠，以自己为绝对的中心。他们一旦谈了恋爱，也会要求别人以他们为中心，所以一旦在感情中受挫，甚至可能做出极端行为。比如前几年发生的"富二代表白被拒后泼硫酸案"就是这样一个典型的例子。

处于一元关系中的人，会忍不住去"剥削"别人，就像婴儿"剥削"妈妈的乳汁一样。因为婴儿觉得自己什么都没有，又认为既然世界是一体的，那么你的就是我的，自己可以肆意使用。

习惯被剥削的人，也是活在一元关系中，只不过他们把自己放在了母亲这个角色上，习惯不断地付出和讨好，也就是所谓的"圣母情结"。

除了以上两种情况，还有一种更常见的一元关系，它的表现为盲目地以他人为绝对的中心，像是寄生虫一样。比如说，有些家庭主妇，因为常年脱离社会关系，而且缺乏经济能力，再加上没有什么好的业余生活，变得越来越没安全感，然后就绝对地依附在男人身上。

长此以往，男人跟女人的心灵代沟会越来越大，男人会觉得女人越来越没有魅力；而女人会越来越害怕，越害怕就越想抓住男人，结果只会让男人逃得越远。

可以想象，这样的婚姻，必将会演化成一个坟墓。

二元关系：控制或分离。

对于小孩来说，二元关系的时间段大概是半岁至三岁。孩子慢慢意识到自己和妈妈是两个人，不管是身体还是心理都需要跟妈妈分离。

如果这个时候，孩子得到了妈妈充分的有爱意的照料，就会把这份爱内化到潜意识里，从此"心中住下了一个爱的人"，长大之后就会有足够的安全感。

这也意味着，孩子成功地进入了二元关系的世界。

但如果在这个阶段，妈妈拒绝跟孩子分离，过分地溺爱孩子，或给的爱不够，就会阻碍孩子进入二元关系，从而导致一系列的问题，比如会长出一颗"玻璃心"。

其实，很多的成人就是固守在这个阶段。"妈宝男"就是典型的二元关系。他懂得妈妈的好，也知道自己的好，对于其他人却极度地忽视，比如其他家人，甚至包括老婆。另外，停留在二元关系中的人，就像孩子一样，看起来比较单纯，喜欢分对错、好坏、黑白等，但其实这样的心智并不成熟，很容易就在亲密关系中受挫或受伤，因为他们缺少容忍模糊和动态平衡的能力。

处在二元关系中的人喜欢控制对方，孩子和妈妈在争夺"谁说了算"。妈妈自认为"你吃的饭还没有我吃的盐多"，所以你要听我的，不听老人言吃亏在眼前。而孩子却希望有自己的空间，有自己的选择，买衣服想要自己喜欢的款式，找女朋友想找自己爱的。

这种控制游戏，在亲密关系中也会经常发生，比如说有些夫妻，他们会互相争夺家里的话语权，继而导致冲突不断。毫无疑问，这样的关系，是很难获得真正的平衡和幸福的。

三元关系：竞争与合作。

对孩子来说，三元关系阶段是三到六岁，也就是精神分析里所说的"俄狄浦斯期"，孩子会逐渐意识到，除了"我"和"你"，还有"他"的存在。也就是说，孩子觉得这个家庭有三个中心，一般是父亲、母亲和自己。三元关系的核心是竞争与合作，比如说女孩子，既想跟妈妈争夺父亲的爱，也想要妈妈的爱。

对应到成年之后的世界，处在三元关系中的人，能够清晰地认识到关系的复杂之处，在复杂的关系中，他能同时看到"我""你"和"他"三个人的感受和意志，并尊重这个三元关系中的竞争与合作。比如在公司里，有些人虽然不喜欢对方，不认同彼此，甚至还是利益上的敌对关系，可还是能够很好地跟对方合作，这并不是所谓的虚伪，而是典型的处在三元关系中的人。

以上，就是关系的三种基本模式。说到这儿，可能有些朋友要问了，如果我们恰恰是处在一元，或是二元关系中，深陷在痛苦的情感里，应该如何进化到三元，继而构建出真正成熟而健康的关系呢？对此，如果我们刚好有一个稳定而有爱的伴侣，那就可以安全地完成我们小时候没有完成的过程。但如果没有，那就是一条需要痛苦蜕变的路。

举个例子，我有一个来访者，典型地处在一元关系阶段，绝对地以老公为中心，老公的一举一动都影响着她的情绪和意志。夸张点来说，她就像寄生虫一样，没有自己的人生乐趣和意义。

刚结婚那时，老公才创业不久，非常困难，心力交瘁，所以他们的婚姻算是比较稳定。可后来没过几年，老公创业成功了，身边也有了很多的诱惑，她开始觉得害怕，整夜整夜地失眠，甚至以自杀来威胁老公不能跟漂亮女孩说话。结果老公实在受不了，哪怕舍弃绝大多数的财产，也要跟她离婚，她随即感觉整个世界都崩塌了。

其实，这个女人就是停留在一元关系中的"幼童"，面对分离，她感受到的确实是世界崩塌。所幸的是，离婚之后，她花了一年多的时间去学习心理学，成长、觉知，慢慢地重新找回了自己，打破了以男人为中心的思维，继而走向了二元关系。

同样的，在热门电视剧《我的前半生》里，罗子君可以说是从一元关系走向二元乃至三元关系的典型代表。虽然在这个过程中，她经历了很多的痛苦，但最终还是坚持了下来，放下了对男人的依赖，完成了自我的心智成长，并最终活出了一片属于自己的天空。

【轮回之问答】

。。。

来访者一：过度怀疑

我和我老公总是因一些鸡毛蒜皮的小事而吵架，他总怀疑我在外边有人，经常查我的手机，却从不让我碰他的手机。以前我也怀疑过他，可我想通了不再怀疑他，他却怀疑起我来了。每次下班回家他都让我帮他按摩，总想着法儿让我干这干那，一点不如他意就发脾气找事，而且不依不饶，跟神经病一样。我该怎么办？想离婚，又不舍得孩子。

回答：

一般来说，一个人的外在行为有可能是他内心的一种投射。

比如说他怀疑你，一方面可能是因为他内心缺乏安全感，追求过度的控制；另一方面，也很可能是因为他自己有不忠的行为，所以会投射到你的身上。这一点，从他不让你碰他的手机可以看出。

幸福的婚姻，需要的是平等的关系。但不知道是因为经济，还是其他方面的原因，间接助长了这样的一种不平等：他可以看你的手机，你不能碰他的；他指挥你干这干那，你却只能唯命是从……长此以往，他只会变本加厉，而你会越来越煎熬。

不过，眼下还没到离婚的程度，你可以先给自己一点时间，尝试着改善一下。

至于努力的方向，是让婚姻重新恢复平等的地位。要知道，你是他的妻子，不是他的奴仆。

具体可以从以下三点去慢慢重新构建关系。

1. 找出不平等的根源，比如是金钱方面还是心理层面。如果你是全职太太，那可能需要开始考虑找工作了。如果不是，那可能就是心理层面，我们是否有"幼童"的心理，或者是害怕冲突没有办法守护边界，这都需要我们一点点改善，因为心理学里有这么一句话：别人怎么对我们的，都是我们自己教会的。

2. 留意一下，他是否有出轨。他查你的手机，你在答应给他看的时候，也要立场坚定地说"我也要看你的手机"，要不就不给他看。另外，也可以从其他方面去观察，比如他会不会将手机调成静音，会不会偷偷去接电话，还有性生活是否锐减等。

3.了解一下，他是否在工作上遇到了巨大的压力，然后转嫁到了家庭上。如果有，可以表达你的支持。

做好以上三点，如果他还变本加厉的话，再考虑离婚。

【轮回之问答】

。。。

　　来访者二：异地恋

　　我和老公因为一些原因两地分居，现在对他没了信任，经常梦到他出轨，我该怎么办？不知道这样的婚姻还有没有意义？我很迷惘，也很痛苦。

　　回答：

　　为什么会没了信任？到底是因为异地，还是因为他确实有出轨的行为？

　　我有个来访者，她连续三个月梦到男朋友出轨，而且一次比一次严重，有一次她居然梦到男朋友是同性恋。可现实生活中，她的男朋友非常忠诚，是肯定不会出轨的那种。其实真正的原因是，她想跟男朋友分手，可又不想承担责任，所以就在潜意识里希望男朋友出轨，自己就可以心安理得地离开了。

所以，你首先要确定一下，到底是你想分开，还是潜意识里感觉他不值得信任，你缺乏安全感，抑或是他真的有出轨的前科或现状？如果没有确实的证据表明他有出轨，或是有前科，那建议你，先别急着考虑分开，而是尝试着去修复感情，毕竟两个人相恋一场不容易。

那么，如何在异地恋期间保持好足够的恋爱激情和动力呢？以下是五点建议：

1. 一起确定一个明确的结束异地恋的时间，一个大家可以去憧憬的时间点。

2. 要有意识地增加见面的次数，起码一到两个月能见一次。

3. 沟通的方式可以灵活多变，从微信到 QQ 再到写信，尽量不要限于一种，这样可以增加彼此间的新鲜感。

4. 男人在异地一般是拼事业，情感需求则是以信任、接纳和欣赏为主，可以在这三点上尽量地给予满足。

5. 引导男人多为这个家庭做贡献，不管大小，需要多鼓励和肯定，男人是越付出越有激情，也越想付出。

【轮回之问答】

来访者三：婚内无性

沈老师，我跟老婆恋爱两年，结婚也已经五年了，但我们从来都没有正式亲热过，每次到最后，她都会歇斯底里地反抗。我实在是受不了，想离婚，不仅仅是性爱，更因为我想要孩子。你觉得我应该离婚，还是等她？她为什么会如此"洁身自爱"呢？她在为谁保持着这份贞操呢？

回答：

我有个类似的来访者，同样是结婚多年，如今已经四十有余，还是从来没有和她老公有过性爱。

之所以这样，是因为她跟父亲的关系出了问题。从小到大，父亲对她都非常溺爱，一直到十几岁还睡一张床，中学的时候她还喜欢坐在爸爸的大腿上。

在潜意识里，她"爱"上了父亲，觉得跟父亲之外的男人有亲密举动，都是对父亲的背叛。另外，由于道德伦理的关系，这份难以言语的情欲被她压抑到了心里，所以每次老公想跟她亲热的时候，她就会拼命抵抗，誓死不从。

有意思的是，这个来访者从小到大都会做一个奇怪而恶心的梦，就是梦到非常脏的洗手间。这是因为，她在潜意识里把自己的性欲理解成"污秽之物"，因为她知道这是不伦的。

我们在沟通了一个月后，她再次做了一个洗手间的梦，在这个梦里，洗手间干净了很多。这意味着，她开始能够接受自己有性欲是好的，也开始完成了跟父亲那种不伦感觉的分离。

两个月后，她表示可以接受跟老公亲热了。

你们的情况，碍于信息有限，不方便做太多的分析，希望这个案例可以给你启发。建议你在决定离婚前，找个咨询师帮忙看看。

【轮回之问答】

° ° °

来访者四：变心

老师您好，为什么口口声声说爱我的男人，在我最脆弱的时候，我想见他一面，他却拒绝了我？他说忙。我很生气，就跟他说要爱就深爱，若弃就彻底。他问我，爱一个人就要天天在一起吗？最后我说，你要是真的爱我，就把我拉黑吧，他就真的拉黑了。我太伤心了，我真的爱他，他是不是厌倦我了?

回答：

你好。你口口声声对他说"真的爱我，就把我拉黑吧"，结果他拉黑了，证明了他爱你，而你又非常伤心，觉得被抛弃了。当然，这只是你的气话，想要测试对方的爱而已。在一段长期关系中，如果偶尔这样做还可以接受，特别是刚刚恋爱的时候，但如果已经过了最初的激情期，还是以这样的模式相处，很少有男人能够接受。

他问你，爱一个人就要天天在一起吗？可以看出，他确实被你弄得很累了。在这段感情中，可能你给了他过多的压力，对他过多地依赖，以致他有溺水的感觉，想要逃离了。

初步判断，你可能是那种安全感较低的姑娘，总希望贴着对方，要对方说"爱你"，说一次两次还不够，甚至通过分手来证明对方的爱，希望跟男人共生在一起，暂时还固守在一元关系中。

如果恰好碰到一个非常爱你，同时又比较有闲情，而且情商还特别高的男人，或许可以满足你对爱的全部期望，但这样的男人一般不会有。因为一来男人在这个社会上生存压力很大，如果他非常爱你，肯定会为了给你更好的明天，用心奋斗，不会很闲。二来，这样的男人可能更愿意选择一些安全感比较高的女性，这样才容易在婚后幸福。

总的来说，如果这个男人不是那种花心男，也不是那种异地恋的网络骗子，那我建议你，可以找亲友排解一下，然后耐心地等他来找你。如果他十天半个月都没有找你，你也可以通过其他的联系方式，告诉他你的感受和自己做得不对的地方，以求和解。

当然，最重要的是换一种更健康的方式去恋爱。目前他应该对你还有

爱，但这份爱已经受不住太多的消耗了。最后，我想送你一首诗，舒婷的
《致橡树》：

我如果爱你——

绝不像攀缘的凌霄花，

借你的高枝炫耀自己；

我如果爱你——

绝不学痴情的鸟儿，

为绿荫重复单调的歌曲；

也不止像泉源，

常年送来清凉的慰藉；

也不止像险峰，

增加你的高度，衬托你的威仪。

甚至日光，

甚至春雨。

不，这些都还不够！

我必须是你近旁的一株木棉，

作为树的形象和你站在一起。

根，紧握在地下，

叶，相触在云里。

每一阵风过，

我们都互相致意，

但没有人，

听懂我们的言语。

你有你的铜枝铁干，

像刀，像剑，

也像戟；

我有我红硕的花朵，

像沉重的叹息，

又像英勇的火炬。

我们分担寒潮、风雷、霹雳；

我们共享雾霭、流岚、虹霓。

仿佛永远分离，

却又终身相依。

这才是伟大的爱情，

坚贞就在这里：

爱——

不仅爱你伟岸的身躯，

也爱你坚持的位置，

足下的土地。